Mais histórias que trazem Felicidade

Mais histórias que trazem Felicidade

Richard Simonetti

ISBN 85-86359-54-8

Capa:
Milton Puga

1ª edição – outubro de 2005
10.000 exemplares

Copyright 2005 by
Centro Espírita Amor e Caridade
Bauru SP

Edição e distribuição

CEAC
EDITORA

Rua 7 de Setembro, 8-56
Fone/Fax 014 3227 0618
CEP 17015-031 - Bauru - SP
site: www.ceac.org.br • e-mail: editoraceac@ceac.org.br

Dados Internacionais de Catalogação na Publicação (CIP)
(Câmara Brasileira do Livro, SP, Brasil)

Simonetti, Richard
   Mais histórias que trazem felicidade /
Richard Simonetti. -- Bauru, SP : CEAC
Editora,2005.

ISBN 85-86359-54-8

1. Espiritismo 2. Felicidade. 3. Jesus Cristo
- Interpretações espíritas 4. Meditações
5. Parábolas 6. Vida espiritual I. Título.

05-5709   CDD-248.4

Índices para catálogo sistemático:
1. Felicidade : Parábolas e reflexões :
Doutrina espírita   248.4

O Espiritismo é a nova ciência que vem revelar aos homens, por meio de provas irrecusáveis, a existência e a natureza do mundo espiritual e as suas relações com o mundo corpóreo.

Ele nô-lo mostra, não mais como coisa sobrenatural, porém, ao contrário, como uma das forças vivas e sem cessar atuantes da Natureza, como a fonte de uma imensidade de fenômenos até hoje incompreendidos e, por isso, relegados para o domínio do fantástico e do maravilhoso.

É a essas relações que o Cristo alude em muitas circunstâncias, e daí vem que muito do que ele disse permaneceu ininteligível ou falsamente interpretado.

O Espiritismo é a chave, com o auxílio da qual tudo se explica de modo fácil.

Allan Kardec, em *O Evangelho segundo o Espiritismo*, Capítulo I

Sumário

Reforço 13

Gente na Praça 15

Atender e Fazer 29

Sem Gravata não Pode 37

Os Sinais do Reino 47

Despenseiros Fiéis 55

Prestação de Contas 67

O Dia e a Hora 77

Romper o Solo 85

Transparência 93

O Fermento Divino 111

Morrer para Produzir 123

Casa Desprotegida 133

Amarrar o Valente 141

A Volta por Cima 155

Reforço

Quando menino, por ordem médica, minha avó preparava-me suculento bife de fígado, malpassado.

Eu não desgostava, mas não degustava; estava longe de ser um prato preferido...

Sempre havia a repetição, esta meio "na marra", que era para reforçar o benefício.

É a imagem que surge em minha lembrança ao apresentar esta seqüência de Histórias que Trazem Felicidade.

Considero as parábolas um dos pontos altos do Evangelho. Com a simplicidade da sabedoria autêntica e a profundidade da verdade revelada, Jesus nos oferece precioso roteiro de vida

Não pelos méritos do autor, mas pela sublimidade daquelas histórias, abordadas à luz da Doutrina Espírita, o primeiro livro pode ser tomado à conta de um fortificante para a Alma.

Bem, se é assim, por que não aproveitar o segundo, fazendo um "reforço"?

***

Perceberá o prezado leitor que Jesus enfatiza, em várias das parábolas aqui apresentadas, a necessidade de trabalharmos pelo Reino Divino.

Cristãos de todos os tempos têm interpretado essa divina realização como um favor celeste, uma transferência para moradas etéreas, quando "batermos as botas", desde que aceitemos Jesus.

A Doutrina Espírita oferece visão diferente.

O Reino de Deus, como o próprio Mestre ensinava, não é um local geográfico, nem algo que possamos conquistar por privilégio da crença.

Trata-se de uma conquista espiritual, a concretizar-se na intimidade d'Alma, superando mazelas e viciações, num empenho de harmonização com os ritmos do Universo, sob a égide da grande Lei – o Amor.

Quando amarmos de verdade, fazendo do amor ao próximo como a nós mesmos algo tão natural quanto o ato de respirar, estaremos às portas do Reino.

Jornada penosa, difícil, que demanda múltiplas existências, muito esforço, buscando a "saúde espiritual" que nos bafejará, quando nos decidirmos a "degustar", diariamente, o mais poderoso de todos os tônicos para a Alma – o Evangelho.

Bom reforço, amigo leitor!

Bauru SP, maio de 2005.

site: www.richardsimonetti.com.br

Gente na Praça

Mateus, 20:1-16

Conta Jesus que o Reino dos Céus é semelhante a um pai de família que saiu ao amanhecer, por volta de seis horas, a fim de contratar servidores para a sua vinha.

Postavam-se na praça os candidatos, chamados *jornaleiros*.

É prática usual, ainda hoje, envolvendo trabalhadores braçais contratados para serviços avulsos no campo. Levam a marmita com singela refeição, que comem sem aquecer. Por isso são conhecidos como *bóias-frias*.

Explica Jesus que foi contratada uma turma, pessoal madrugador.

Por volta das nove, o dono da vinha retornou e ainda encontrou desocupados.

– Ide, também vós para a vinha, e vos darei o que for justo.

Por volta de meio-dia, chamou mais gente.
Às quinze horas, nova contratação.
Finalmente, às dezessete horas, falou a um grupo remanescente:

– *Por que estais aqui, o dia inteiro desocupados?*
– *Porque ninguém nos contratou.*
– *Ide também vós para a vinha.*

Ao anoitecer, recomendou ao seu administrador:

– *Chama os trabalhadores e paga-lhes o salário, começando pelos últimos até os primeiros.*

Seguindo a orientação do patrão, o acerto de contas foi feito a partir da turma das dezessete horas. Um denário a cada um, correspondente a um dia de trabalho.

Quando chegou a vez dos trabalhadores contratados às seis da manhã, estes ficaram indignados.

Não era para menos! Mourejar de sol a sol, durante doze horas, e ganhar o mesmo salário de alguém que serviu apenas uma hora, configura flagrante injustiça!

Prato cheio para um sindicato rural. Daria boa briga na justiça trabalhista.

Como nos tempos de Jesus não havia nada disso,

tudo o que o pessoal injustiçado pôde fazer foi reclamar com o patrão:

— *Estes que vieram por último só trabalharam uma hora e tu os igualaste a nós, que suportamos o peso do dia e o calor do sol.*

Dirigindo-se ao porta-voz dos reclamantes, esclareceu o vinhateiro:

— *Amigo, não faço injustiça. Não combinaste comigo um denário? Toma o que é teu e vai; pois quero dar a este último o mesmo que a ti. Porventura não me é lícito fazer o que eu quero com o que é meu? Ou o teu olho é mau, porque eu sou bom? Assim, os últimos serão os primeiros, e os primeiros serão os últimos. Porque muitos são chamados, mas poucos escolhidos.*

***

Apreciada sob o ponto de vista humano, esta parábola seria a consagração da injustiça nas relações trabalhistas, embora devamos considerar que o patrão, o dono do dinheiro, tem o direito de remunerar como lhe aprouver, desde que ocorra acordo prévio.

Não competia aos trabalhadores nenhum questionamento.

Significativa a sua indagação:

– ...*Teu olho é mau porque eu sou bom?*

Olho mau é sinônimo de inveja. Usa-se outra expressão: *olho gordo*. Cobiçar o alheio, ou sentir-se diminuído por não ter o mesmo.

Não seria a reclamação do trabalhador apenas um exercício de inveja? Afinal, ele recebeu o que fora acertado.

Bom lembrar que a inveja é mal tão antigo quanto o Homem.

Foi a motivação do primeiro fratricídio, na história bíblica. Caim matou Abel por imaginar que seu pai dava mais atenção ao irmão.

Nas empresas, há sempre gente reclamando de colegas supostamente privilegiados. São criticados os que se destacam, os que são promovidos, tachados de bajuladores e hipócritas.

As pessoas têm facilidade para se considerarem injustiçadas, sempre que os seus interesses são contrariados.

Não obstante, forçoso reconhecer que algo anda errado numa empreitada em que alguém ganha doze vezes mais do que um colega que executa o mesmo serviço.

Com o aperfeiçoamento das regras do trabalho, cuja orientação principal determina uma isonomia, igualdade de salário para identidade de funções, seria de justiça o pagamento por horas trabalhadas.

Esta parábola, pela aparente injustiça que encerra, é um desafio aos intérpretes do Novo Testamento.

A solução está no objetivo de Jesus, ao enunciá-la: Simbolizar o ingresso no Reino de Deus.

Lembremos, em princípio, como o Mestre sempre frisou, que o Reino não tem localização geográfica, na Terra ou no Além.

Atentemos à sua proclamação *(Lucas, 17:21):*

... o Reino está dentro de vós.

Então, amigo leitor, trata-se de um estado de consciência.

– Ah! Sinto-me tão bem! Leve, tranqüilo, em paz!
Elevou-se ao Céu.

– Ah! Vida cruel! Estou atormentado, idéias infelizes, vontade de morrer!
Escorregou para o inferno.

Bem, sendo assim, como é que vamos entrar no Reino, ou, mais exatamente, como é que o Reino vai se instalar em nós?

Começamos a decifrar esse mistério lembrando uma expressão significativa de Jesus *(João, 5:17):*

– *Meu Pai trabalha desde sempre, e eu também.*

Tudo é movimento no Universo, na dinâmica da evolução, desde o verme que nas profundezas do solo o fertiliza, aos mundos que se equilibram no espaço.

Deus, o trabalhador incansável, que tudo projetou e construiu, é o motor divino que sustenta a celeste movimentação.

Jesus, Espírito puro e perfeito, chamado a nos governar, entrega-se a esse mister desde a formação da Terra.

Filhos de Deus, criados à sua imagem e semelhança, temos potencialidades criadoras, que caracterizam nossa filiação divina e nos realizam como Seus filhos, quando as mobilizamos.

Isso implica em ação. Ocupar o tempo e a mente em atividade disciplinada.

Esse empenho chama-se *trabalho.*

Quando nos dedicamos a algo produtivo, pomos ordem na *casa mental,* sintonizamos com os ritmos do

Universo e guardamos a paz, o regalo do Céu.
Detalhe importante:
O salário do Reino não é o resultado do trabalho. É o próprio trabalho!

Aqueles que mais cedo despertam para esse imperativo, desde logo sintonizam com as Fontes da Vida e se habilitam a uma existência feliz.

Os retardatários sujeitam-se a problemas e dores, perturbações e dissabores, como ferrugem em motor desativado.

***

Entrar nesse estado sublime de sintonia com os ritmos do Universo depende de nós.

Situemos nossa posição na Terra como a de pessoas numa praça.

As motivações são variadas:

• Espairecer.

• *Matar* o tempo.

• Namorar.

• *Bater papo*, trocando *abobrinhas*.

- Exercitar a maledicência.

- Satisfazer um vício.

- Ouvir música.

- Apreciar a pregação religiosa.

- Cultivar a leitura.

Diariamente, Deus nos convida à Seara Divina.

Há quem imagine que seria dedicar uma hora semanal ao esforço da fraternidade, atendendo pessoas carentes em hospitais, favelas, organizações filantrópicas...

O que Deus espera de nós é algo bem maior.

Não o esforço de algumas horas, mas a consagração da existência.

Não significa que devamos passar o tempo todo em instituições de beneficência, mas que *em todo o tempo* encaremos nossas atividades e relacionamentos como parte de um contexto – o de trabalhadores da Vinha.

Isto é, que nos comportemos, onde estivermos, guardando a consciência de que somos servidores do Senhor, com compromissos e responsabilidades inerentes a essa condição.

Na praça de nossas cogitações, ocorre perene convocação, com adesões em tempo variado, envolvendo a jornada humana.

- Seis horas.
  Infância.

- Nove horas.
  Adolescência.

- Meio-dia.
  Maioridade.

- Quinze horas.
  Maturidade.

- Dezessete horas.
  Velhice.

Multidões não atendem em tempo nenhum.

Regressam ao Plano Espiritual com lamentáveis comprometimentos morais, sujeitando-se a amargos períodos de sofrimento e desajuste.

Por isso, Jesus diz que muitos são os chamados e poucos os escolhidos.

Na verdade, *todos* são chamados.
Se poucos os *escolhidos*, é porque raros atendem à convocação.

***

A parábola tem uma dificuldade final de interpretação.

Como situar a condição dos trabalhadores que começaram por último e foram os primeiros a receber o salário?

Como interpretar a afirmativa: *os últimos serão os primeiros e os primeiros serão os últimos?*

Bem, caro leitor, essa expressão está contida num texto imediatamente anterior, quando Mateus reporta-se ao jovem que não se sentiu em condições de acompanhar Jesus, porque era muito rico.

O Mestre teria encerrado o episódio com aquele mesmo comentário, enfatizando que posições privilegiadas na Terra podem inibir o homem para os serviços da Seara.

Segundo alguns exegetas, a expressão foi repetida na parábola por erro dos copistas encarregados de reproduzir os textos, o que acontecia, não raro.

***

Poderíamos concluir, em síntese, que é fundamental não perdermos tempo na *praça existencial*, dispostos aos serviços da Seara, onde estivermos, na atividade profissional, na vida social, no convívio familiar...

Somente assim faremos jus ao salário de bênçãos que o Senhor oferece aos que atendem à Sua convocação.

Atender e Fazer

Mateus, 21:28-32

Conversando com os fariseus, os impertinentes contestadores, Jesus contou pequena parábola:
Um homem, pai de dois filhos, disse ao primeiro:

— *Filho, vai trabalhar hoje na vinha.*

Respondeu o filho:

— *Não quero.*

Arrependendo-se, acabou atendendo à convocação.
Dirigindo-se ao segundo filho, o pai fez idêntica recomendação. Este concordou prontamente:

— *Eu irei, senhor.*

Disse *de boca*, porquanto não foi.

Perguntou Jesus:

– *Qual dos dois fez a vontade do pai?*

Responderam os fariseus:

– *O primeiro.*

Concluiu o Mestre:

– *Em verdade vos digo que os publicanos e as meretrizes vos precederão no Reino de Deus. Porque João veio a vós, a fim de vos mostrar o caminho da justiça e não acreditastes nele, enquanto os publicanos e as meretrizes creram. Mesmo vendo isto não vos arrependestes depois para crerdes nele.*

***

Enunciado simples, significado profundo.

O senhor da parábola, como situa o Mestre, é Deus.

Fica evidente que nas relações entre o Criador e as criaturas, o Pai e os filhos, há um valor básico:

O livre-arbítrio.

A liberdade de ir e vir, de fazer de acordo com a própria iniciativa, sem pressões ou ameaças.

As pessoas imaginam que Deus deveria impor Sua justiça, castigando os maus, premiando os bons.

Profitentes religiosos exaltados desejam ardentemente que a *ira divina* se abata sobre árabes ou judeus, conflitados no Oriente Médio, conforme o *time* de sua preferência. Desejam muitos que os fanáticos de ambos os lados, belicosos e agressivos, sejam atingidos pelo *raio que os parta,* como diria o português.

Mas, se agisse assim, Deus teria o mesmo comportamento troglodita que caracteriza esses extremistas, dispostos a resolver suas pendências *no braço,* como se fossem moleques de rua.

A responsabilidade é planta frágil.

Só viceja em clima de liberdade.

Imprescindível que a exercitemos, a fim de sermos responsabilizados por nossos atos, consoante a Lei de Causa e Efeito, tão bem definida pela Doutrina Espírita, e enunciada por Jesus, ao proclamar *(Mateus, 16:27)*:

... *a cada um segundo suas obras.*

O pai que castiga severamente o mínimo deslize do

filho, impondo-se pelo medo, sem diálogo, sem demonstrações de afeto, lamentará, mais tarde, os estragos produzidos em sua personalidade – inibição, insegurança, introversão, timidez...

Poderá ser pior – rebeldia, agressividade, revolta, vícios...

Não é assim que o Pai Celeste lida com Seus filhos. Não impõe nada e sempre nos convida para a Vinha. O convite se expressa de várias formas:

- Nos princípios religiosos.

- Nas vidas exemplares.

- Nos impulsos do Bem.

- Nas idéias de caráter edificante.

O filho que responde afirmativamente simboliza os que freqüentam os templos, as igrejas, os centros espíritas, mas seu comportamento é uma negativa.

São meros religionários, sectários de uma religião.

Não vivenciam o aprendizado.

De nada vale bater no peito, proclamando que aderimos à Vinha do Senhor, se nossas atitudes revelam o contrário.

O filho que responde negativamente simboliza os que, embora não vinculados a movimentos religiosos, agem com religiosidade, cumprindo o que deles espera Deus.

A parábola lembra algumas expressões do *Canto de Ossanha*, de Baden Powell e Vinícius de Morais:

O homem que diz "dou" não dá, porque quem dá mesmo não diz.

Os servidores autênticos preferem o anonimato.

Quem exalta supostas virtudes, apenas faz propaganda de si mesmo.

O homem que diz "vou" não vai, porque quando foi já não quis.

Os caminheiros decididos não se enredam em meras palavras.

De afirmativas vãs o inferno está cheio.

O homem que diz "sou" não é, porque quem é mesmo não diz.

Os sábios legítimos reconhecem suas próprias limitações.

Quem se julga dono da verdade carece de humildade, apanágio da sabedoria.

***

Instigante a observação de Jesus:

– *Os publicanos e as meretrizes vos precederão no Reino de Deus.*

Atente a esse fato, leitor amigo:

O Mestre não afirmou que os fariseus seriam barrados, mas que, por não serem sinceros, teriam seu ingresso retardado.

Diríamos que, segundo a expressão popular, deveriam *comer muita grama* para lá chegar, enfrentando atribulações e dores tendentes a modificar suas disposições.

Beleza de idéia!

Está bem de acordo com a justiça e a bondade de Deus.

Todos entraremos no Reino, sem exceção, tanto mais depressa quanto maior o nosso empenho em favor da própria renovação.

Não ficarão de fora nem mesmo os que se envolvem com o farisaísmo, a se comprometerem na falsa religiosidade.

Para nós podem ser detestáveis agentes do mal.

Para Deus, apenas filhos transviados, que encontrarão, um dia, o roteiro do Bem.

Se o fariseu passava a existência na base do *vou, mas não vai,* transferindo-se para o Plano Espiritual cheio de dívidas e compromissos não cumpridos, como entraria no Reino?

Bem, se os seus comprometimentos eram com a existência humana, seria de boa lógica que os resolvessem aqui. Observe, prezado leitor, que, no célebre encontro com Nicodemos, Jesus proclama *(João, 3:3):*

Em verdade, em verdade, te digo que quem não nascer de novo, não pode ver o Reino de Deus.

Temos aí uma evidência da Reencarnação.

Através de múltiplas existências, retornando à carne, incessantemente, para experiências regeneradoras, os fariseus terminariam, finalmente, por aderir ao Reino, não por meras palavras, mas por ações.

Habitantes deste planeta de provas e expiações, habituados a eleger o egoísmo como orientação de vida, temos participado, milenarmente, do time dos que dizem:

Dou, mas não dão...
Vou, mas não vão...
Sou, mas não são...

Praza aos Céus tenhamos aprendido as lições e estejamos dispostos, desta feita, a atender aos apelos da própria consciência, exercitando de verdade o *dar*, o *ir* e o *ser*, buscando as gloriosas realizações do Reino!

Sem Gravata não Pode

Mateus, 22:1-14

Estabelecendo uma de suas costumeiras comparações, diz Jesus que o Reino dos Céus assemelha-se a um rei que celebrou o casamento de seu filho.

Para as festividades, enviou servos com convites a muita gente. Mas os convidados não se dispuseram a comparecer.

Outros servos receberam a mesma missão, recomendando-lhes o rei:

– *Dizei aos convidados que já preparei o banquete. Bois e cevados foram mortos, e tudo está pronto. Que venham ao casamento.*

Nova recusa. Alguns convidados foram para o seu campo, outros para os seus negócios. Outros fizeram pior: agrediram os servos e os mataram.

Indignado, o rei enviou seu exército, que executou os homicidas e destruiu a cidade.

Disse, então, a outros servos:

— *O banquete está pronto, mas os convidados não eram dignos. Ide às encruzilhadas e convidai para as bodas a todos os que encontrardes.*

Assim fizeram os servos, que *reuniram todos os que encontraram, maus e bons.*

O salão das festividades ficou repleto.

Ao chegar, o rei percebeu a presença de um homem que não estava *trajado com as vestes para as núpcias,* isto é, não estava vestido de acordo com a solenidade.

E logo o inquiriu:

— *Amigo, como entraste aqui sem a veste nupcial?*

O convidado, constrangido, não sabia o que dizer.

Ordenou o rei aos servos:

– *Amarrai-lhe os pés e as mãos e lançai-o fora, nas trevas exteriores, onde haverá choro e ranger de dentes.*

***

Estranha tal representação de Deus como o rei que faz o convite para as bodas.

Está mais para o Jeová mosaico, que costumava vingar-se até a quarta geração dos que o aborreciam e mandava os judeus passarem a fio de espada, em terra inimiga, tudo o que tivesse fôlego, envolvendo homens e mulheres, velhos e crianças, sãos e doentes, ricos e pobres, animais, aves, peixes...

Generoso com os que correspondiam às suas expectativas, mas cruel com os que se negavam a atendê-lo.

Diferente do Pai de Amor e Justiça anunciado por Jesus.

Há outros aspectos indigestos:

- Ninguém se interessou em comparecer ao casamento. Afinal, um convite real soa sempre como irrecusável convocação, e haveria lauto banquete, fartos comes-e-bebes...

- Diante de novo convite, o povo permaneceu alheio. Cada qual foi cuidar de seus interesses. Pior: assassinaram os emissários.

- Por castigo, o rei determinou que fosse destruída a cidade, exterminando seus moradores, inclusive os inocentes.

- O convite foi estendido a todos os que fossem encontrados nas estradas, bons e maus, sãos e doentes, e estropiados de todos os matizes, que, obviamente, compareceram sem trajes adequados, por não os possuírem. O rei não levou isso em consideração, logo mandando castigar o primeiro que surgiu à sua frente.

Difícil conceber seja exatamente assim que Jesus contou essa parábola.

Imagino que, dentro do espírito da época, Mateus, ou quem escreveu em seu nome, agiu como o sapateiro que foi além dos sapatos, conforme a expressão latina. Extrapolou o conteúdo da história, colocando nos lábios de Jesus o que ele não diria.

É preciso, aqui, como em outras passagens, separar o joio do trigo e definir o que o Mestre realmente ensinou.

Em princípio, podemos considerar que os antigos usavam a imagem do casamento para simbolizar os pactos de Deus com os homens, favorecendo-os com suas benesses, desde que observassem Sua vontade.

Na parábola, os judeus eram os primeiros convidados para o matrimônio, depositários da nova aliança, envolvendo os ensinamentos cristãos.

As lições de Jesus, um aperfeiçoamento da revelação mosaica, deveriam estar inseridas no judaísmo, em desdobramento natural e cumulativo, como acontece em qualquer ramo de conhecimento.

Não há, por exemplo, várias astronomias. O que temos é o acrescentar de conhecimentos, desde as idéias primitivas em que as estrelas, o Sol e a Lua eram situados por meros enfeites celestes.

Ocorre que os judeus cristalizaram-se em torno de conceitos dogmáticos e rejeitaram a renovação proposta por Jesus que, inicialmente, falou nas sinagogas e no templo.

Expulso deles, foi perseguido e morto, o mesmo acontecendo com seus discípulos.

Então, o convite foi estendido ao povo, fora dos círculos religiosos, nas *encruzilhadas*...

E surgiu o movimento cristão.

No século dezenove veio a Revelação Espírita.

Repetiu-se o mesmo problema.

O Cristianismo, ao longo dos séculos, institucionalizou-se e se fechou em princípios dogmáticos. Pior: aderiu ao materialismo e passou a negar, veementemente, a possibilidade de intercâmbio com o Além, paradoxo tanto maior quando se recorda que Jesus conversava com os Espíritos, o mesmo acontecendo com a primitiva comunidade cristã.

Recusado o convite, os arautos da Nova Revelação foram também para as *encruzilhadas*. O Espiritismo situou-se como nova opção, não como natural desdobramento do Cristianismo, o que foi lamentável.

***

Os que comparecem ao Centro Espírita são os convidados novos.

Como está na parábola, não há distinção de raça, cor, crença, posição social...

Todos podemos desfrutar de suas bênçãos.

O Espiritismo simboliza o banquete de luzes a que somos convidados.

Sabem do valor da Doutrina Espírita os que se abeberam de seus ensinamentos e, principalmente, aqueles que enfrentam dramas pessoais – a morte de um ente querido, a doença grave, o desastre financeiro, a decepção sentimental, os desequilíbrios da sensibilidade...

Há apenas uma condição: que estejamos convenientemente trajados.

Obviamente não se trata da roupa do corpo, mas das vestes espirituais, envolvendo nossos sentimentos e a maneira como nos comportamos em relação à Doutrina.

Na primeira metade do século XX, não havia televisão em Bauru; automóveis, poucos, importados; computador, internet, nem por imaginação!

A única diversão era o cinema.

Lembro-me do ritual para comparecer. Obrigatório o uso de paletó e gravata. Mesmo no verão, temperatura de quarenta graus em salas de projeção enormes e mal ventiladas, não eram dispensados. Nosso cinema maior, com duas mil poltronas, mantinha um serviço de aluguel de gravatas, para *quebrar o galho*.

Hoje há liberdade até exagerada. Os cinéfilos comparecem à vontade, não raro cometendo excessos, em trajes sumários.

Sob o ponto de vista espiritual, quando comparecemos à atividade religiosa, nos templos, nas igrejas, no Centro Espírita, não podemos esquecer o essencial: que estejamos convenientemente trajados, não apenas sob o ponto de vista formal.

Que compareçamos *engravatados*, espiritualmente falando, simbolizando seriedade. Que não estejamos interessados apenas em receber os favores da Espiritualidade, sem propósitos de renovação.

Diga-se de passagem, não há *gravatas* para *quebrar o galho*.

Inadmissível ser bom na atividade religiosa, achando tudo muito bonito, muito edificante, e lá fora ser outra pessoa.

É preciso estarmos sempre *engravatados*.

Essa disposição íntima, simbolizada pela gravata, é o nosso *crachá!* Que as pessoas o vejam, onde estivermos, identificando nossa opção de vida.

Que possam dizer:

– É gente boa! Gente do Cristo!

***

Por outro lado, podemos avaliar se estamos trajados convenientemente, a partir de algumas observações:

• Guardamos a paz?

• Conservamos a consciência de nossos deveres?

- Estamos mais disciplinados e comedidos?

- Contemos a língua?

- Exercitamos o cérebro?

- Damos espaço ao coração?

- Movimentamos as mãos no esforço do Bem?

Ótimo!
Se acontece diferente, é bom dar uma olhada no *espelho d'alma*.
Talvez estejamos sem *gravata*.

Os Sinais do Reino

Mateus, 24:32-35
Marcos, 13:28-37
Lucas, 21:20-36

No chamado *Sermão Profético*, Jesus fala de acontecimentos marcantes, envolvendo o futuro dos judeus.

E adverte:

Quando virdes Jerusalém cercada de exércitos, sabereis que é chegada a sua desolação.

Então, os que estiverem na Judéia, fujam para os montes, os que estiverem no meio da cidade, saiam, e os que estiverem nos campos não entrem nela.

Mas ai das grávidas e das que criarem naqueles dias! Haverá grande aperto na Terra e ira sobre este povo.

Cairão ao fio da espada, e para todas as nações serão levados cativos. Jerusalém será pisada pelos gentios, até que os tempos deles se completem.

Efetivamente, no ano setenta, trinta e sete anos após a crucificação, o general romano Tito, para acabar de vez com a rebeldia daquele povo altivo, que resistia ao domínio de Roma, invadiu com seus exércitos a Palestina e arrasou o país, expulsando os judeus, que se espalharam pelo Mundo.

Em Jerusalém, como previu Jesus, Tito, literalmente, não deixou pedra sobre pedra, destruindo, inclusive, o famoso Templo de Salomão, do qual resta hoje apenas um pedaço do muro enorme que o cercava.

É conhecido como o *muro das lamentações*, porquanto, antes da criação do Estado de Israel, quando visitavam a cidade reconstruída, os judeus choravam pela *diáspora*, a sua dispersão.

***

Jesus fala das atribulações que enfrentariam os cristãos na divulgação da mensagem, perseguidos, caluniados, torturados, ante as manifestações da incompreensão humana.

Estimula-os a serem firmes, conscientes de que estariam habilitados às bem-aventuranças celestes.

Reporta-se ainda ao futuro, anunciando o advento do Reino Divino:

Haverá sinais no Sol, na Lua e nas estrelas. Na Terra as nações ficarão angustiadas, e perplexas pelo bramido do mar e das ondas.

Homens desmaiarão de terror, na expectativa das coisas que sobrevirão ao Mundo, pois os corpos celestes serão abalados.

Então verão o Filho do Homem vindo numa nuvem, com poder e grande glória.

Quando estas coisas começarem a acontecer, olhai para cima e levantai as vossas cabeças, porque a vossa redenção está próxima.

Trechos assim fazem o deleite dos fundamentalistas bíblicos, pessoal que gosta de brandir a Bíblia sobre as nossas cabeças, como uma clava divina a verberar o pecado.

Ao longo dos séculos, pregadores exaltados, proclamando-se inspirados pelas potestades celestes, têm assustado seus ouvintes com esses maus augúrios, como se tudo estivesse prestes a acontecer. E recomendam, enfáticos, que se cuidem os fiéis para não serem colhidos pelas chamas do inferno.

A Primeira Guerra Mundial, em 1914, foi prato cheio para os fundamentalistas, a proclamar o *Apocalipse*, o fim do Mundo e o advento do Reino de Deus.

O mesmo aconteceu na Segunda Guerra Mundial, em 1939.

Na virada do milênio, novos vaticínios agourentos.

Ainda hoje, seitas aferradas à letra, sem discernir o espírito da mensagem evangélica, falam da confusão do Mundo, envolvendo drogas, vícios, guerras e catastróficos fenômenos naturais – maremotos, terremotos, ciclones, enchentes –, como um anúncio do fim dos tempos e do juízo final.

Esquecem ou ignoram que tudo isso tem acontecido desde que se formaram os primeiros agrupamentos humanos. E já foi até pior.

Nos séculos passados, a par de fenômenos naturais arrasadores, doenças graves dizimavam multidões, a criminalidade era mais ampla e incontrolável, campeavam os vícios...

Basta lembrar que a expectativa de vida não chegava aos quarenta anos. Hoje está perto dos setenta no Brasil. Ultrapassa os oitenta, em países desenvolvidos.

Um detalhe: é pouco provável que Jesus tenha falado assim.

Não era o seu jeito, a sua maneira de ser.

Não eram essas as expressões que usava.

A dramaticidade que vemos no texto evangélico fica por conta dos próprios evangelistas ou dos copistas, sob inspiração do espírito apocalíptico do Velho Testamento.

***

No desdobramento de suas considerações e no contexto da vinda do Reino, Jesus usa uma imagem, que o evangelista Marcos situa como a *Parábola da Figueira*:

Olhai a figueira.
Quando vedes que as suas folhas começam a brotar, sabeis por vós mesmos que o verão está próximo.
Assim, também, quando virdes estas coisas acontecerem, sabei que o reino de Deus está perto.
Em verdade vos digo que não passará esta geração sem que tudo isso aconteça.
Passará o Céu e a Terra, mas as minhas palavras não hão de passar.
Mas, a respeito daquele dia e hora, ninguém sabe, nem os mensageiros dos céus, nem o Filho, senão o Pai.
Acautelai-vos por vós mesmos, para que não aconteça que os vossos corações se sobrecarreguem de glutonaria, de embriaguez e dos cuidados da vida, e aquele dia vos pegue de surpresa, como uma armadilha.
Vigiai em todo o tempo, e orai para que sejais havidos por dignos de escapar de todas estas coisas que

hão de acontecer, e de estar em pé diante do Filho do Homem.

Haveria sinais do advento do Reino, ensina Jesus.

E fala da figueira. No Oriente Médio, sabe-se que o verão está chegando quando a figueira lança seus brotos.

Da mesma forma, os discípulos do Evangelho devem estar atentos aos sinais que anunciam a chegada do Reino.

E explica que *"não passará esta geração sem que tudo isso aconteça"*.

Bem, com exceção das previsões sobre a destruição de Jerusalém e das perseguições ao Cristianismo nascente, podemos dizer que se passaram múltiplas gerações, sem que o Reino Divino preconizado por Jesus se instalasse na Terra.

Teria havido um engano de Jesus?

Certamente, não!

O engano está na apreciação da expressão *geração*.

No sentido temporal, define um grupo de indivíduos nascidos em determinada época. Geração dos anos setenta, por exemplo.

Espiritualmente, define a coletividade de Espíritos que evoluem em determinado planeta.

Segundo notícias da Espiritualidade, a geração humana, a Humanidade, é composta por cerca de vinte e cinco bilhões de Espíritos.

Aproximadamente um quarto dessa população, encarnados; os restantes, desencarnados.

É essa geração que não passará, como informa Jesus.

Viveremos na Terra, envolvidos com as experiências na carne, até que se cumpram suas previsões, no advento do Reino de Deus.

***

Entendo que o Reino não será instalado na base de decretos.

Será uma conquista coletiva, a partir do esforço individual.

Acontecerá quando Humanidade estiver cristianizada.

E esse é o problema. Estamos longe disso.

Um exemplo é suficiente.

Diz Jesus, no Sermão da Montanha *(Mateus, 5-5):*

Bem-aventurados os mansos, porque herdarão a Terra.

Ficarão no planeta, no advento do Reino, os que houverem conquistado a mansuetude, o que significa que, se isso ocorresse hoje, por decreto divino, nosso mundo ficaria deserto.

Estamos tão longe dela, que a palavra *mansuetude* guarda conotação pejorativa.

O marido que não mata a mulher ou a abandona quando traído, disposto a dar-lhe uma chance por amor aos filhos, é *brindado* com o adjetivo *manso*, precedido daquele substantivo que define o apêndice ósseo na cabeça dos bois.

Para aquele que não reage ao insulto com agressividade, *manso* é sinônimo de covarde, *sangue de barata*.

Por conservar a calma quando todos a perdem, o manso é considerado um sonso, sem iniciativa.

Por isso Jesus diz que só Deus sabe quando virá o Reino, porque somente o Criador pode definir quando a Humanidade criará juízo e se disporá a vencer a agressividade.

Despenseiros Fiéis

Mateus, 24:45-51
Lucas, 12:42-48

Quem, pois, é o despenseiro fiel e prudente, ao qual o seu Senhor confiou a direção da sua casa, para que no devido tempo distribua o alimento?
Bem-aventurado aquele servo a quem o seu senhor, quando vier, achar assim fazendo.
Em verdade vos digo que lhe confiará todos os seus bens.
Mas, se aquele servo disser consigo mesmo: "Meu senhor tarda em vir", e começa a espancar os seus companheiros, a comer, a beber e a embriagar-se, virá o senhor daquele servo, no dia em que não espere e na hora que ele não sabe, e o fará partilhar da sorte dos infiéis.
O servo que soube a vontade do seu senhor, e não se aprontou, nem fez conforme a sua vontade, será castigado

com muitos açoites.

Mas o que não a soube, e fez coisas dignas de açoites, com poucos açoites será castigado.

A qualquer que muito for dado, muito se lhe pedirá, e ao que muito se lhe confiou, muito mais se lhe pedirá.

Despenseiro é o encarregado de cuidar de uma despensa e, por extensão, o administrador de bens alheios.

Jesus fala de alguém ao qual o patrão confiou seus negócios.

Ora, se ele, ao invés de agir com equilíbrio e prudência, exorbita de sua autoridade, maltrata os subordinados, age com desonestidade, o patrão, forçosamente, o demitirá de seus serviços e o submeterá aos rigores da justiça.

Temos aí uma imagem perfeita de nossa posição diante de Deus.

A Terra é propriedade do Eterno, como tudo mais que existe no Universo. Somos seus despenseiros.

A natureza dos serviços, a extensão dos deveres, varia de pessoa para pessoa, de conformidade com suas potencialidades.

Os mais capazes são chamados a responsabilidades maiores.

Mas, há algo que não podemos esquecer:

Seja qual for o campo de ação no Mundo, o sucesso no desempenho das tarefas depende essencialmente de nosso esforço em fazer o que Deus espera de nós.

***

Há uma tarefa de caráter geral que envolve a maioria dos seres humanos: o cuidado dos filhos.

Deus não tem preconceitos, nem discriminações. Todos podem ser convocados! Sejamos ricos ou pobres, cultos ou incultos, brancos ou negros, virtuosos ou viciosos, bons ou maus, os filhos que chegam trazem a notícia de que Deus confia em nós.

Obviamente, a divina concessão implica no compromisso de desempenhar com diligência a tarefa de prepará-los para os desafios da existência.

A literatura mediúnica nos dá notícias dos sofrimentos e angústias de pais desencarnados que se atormentam com os desvios de seus filhos.

Sentem-se culpados porque não lhes deram a atenção devida, a orientação adequada e exemplos de virtude, trabalho e dedicação ao Bem.

Há quem justifique seus fracassos nesse mister, alegando limitações variadas, de ordem econômica, cultural, social.

Entretanto seria uma incoerência de Deus se nos confiasse filhos sem nos oferecer condições para cuidar deles. Potencialmente, podemos fazê-lo, e o bom êxito não depende de facilidades, mas de nossa disposição em enfrentar dificuldades.

Nos Estados Unidos, um negro, homem pobre, paupérrimo, que sustentava a família com pequenos serviços braçais, prometeu a si mesmo que suas seis filhas seriam médicas, teriam uma vida decente, um lugar ao sol, uma posição na sociedade, vencendo o grande desafio da realização profissional e social.

Detalhe: isso tudo num país onde há quem considere que negro não é gente.

Os irmãos de cor riam de sua pretensão, mas ele jamais esmoreceu. Tinha expressões muito especiais para estimular as filhas às disciplinas do estudo.

Se você for músico, podem-lhe quebrar os dedos. Se for atleta, podem-lhe partir os joelhos, mas se você for instruído, tudo o que tiver na cabeça será seu por toda vida.

No empenho de progredir, se a porta não abrir, salte pela janela.

Se a janela estiver trancada, tente entrar pelo porão.

Se estiver fechado à chave, suba no telhado e veja se consegue ir pela chaminé.

Há sempre uma maneira, se você não desistir.

E tanto se empenhou, tanto se desdobrou em atividades para conseguir recursos, tanto orientou as filhas, que acabou criando condições para que elas ingressassem na universidade.

Não se formaram todas médicas, apenas duas, já que há o problema da vocação, mas as demais também alcançaram nível universitário, conquistando, respectivamente, diplomas de enfermagem, comunicações, ciências e odontologia.

Despenseiro fiel, cumpriu muito bem o que Deus esperava dele, enfrentando provações e desafios que teriam feito a maioria esmorecer.

Todos teríamos histórias a contar sobre pais que descortinaram horizontes aos seus filhos, batalhando para que se tornassem pessoas dignas e úteis à sociedade.

São pais vitoriosos.

E, ainda que os filhos não correspondam plenamente às expectativas, nem sigam os caminhos ideais, não se perderá seu esforço, semeadura que germinará no tempo devido.

***

Há outras tarefas para os despenseiros de Deus.

O dono de empresa, que tem sob suas ordens dezenas de funcionários, é responsável por eles, tem o dever de criar um ambiente de respeito e cooperação onde todos se sintam felizes e ajustados.

E, na proporção em que uma firma prospera, guarda a obrigação de fazer com que os funcionários se beneficiem com um padrão de vida melhor, com melhores oportunidades para seus filhos.

As sociedades modernas se organizam, procurando criar mecanismos de distribuição de renda, a fim de que os bens da produção não favoreçam alguns privilegiados, em detrimento da maioria.

É um progresso, mas falta o passo decisivo, fundamental, que é a conscientização dos homens de dinheiro, reconhecendo que são responsáveis, perante Deus, pelo bem-estar daqueles que produzem sua riqueza.

***

O médico é despenseiro de Deus, chamado a zelar pela saúde humana. Quando desprendido e generoso, faz-se suporte para a ação de mentores espirituais, que com ele realizam prodígios em favor dos pacientes.

Mas, se ele se empolga pelo dinheiro, transformando

o ideal de curar no interesse em ficar rico, acabará incorrendo em graves falhas, praticando atos abomináveis.

Abastada família inaugurava em festa sua ampla e confortável residência... Em dado momento, a tragédia – um filho de dois anos caiu na piscina, afogando-se. Um médico dispôs-se a salvá-lo. Esforço ocioso. Quando chegou, o garoto tinha expirado há vários minutos.

Todos admiraram seu empenho, que se transformou em indignação ao apresentar os honorários. Valor astronômico!

Despenseiro indigno, transformou a profissão, com a qual deveria colaborar com Deus em favor da saúde humana, num instrumento de exploração da desgraça alheia.

No desdobramento dos serviços assistenciais, vezes inúmeras são encaminhados pacientes pobres a médicos ligados ao Centro Espírita Amor e Caridade, em Bauru.

Então sentimos o valor do conhecimento espírita. É comovente observar como confrades médicos, esclarecidos e conscientes, tratam desses pacientes com todo carinho, sem cogitar de remuneração!

Peço licença, prezado leitor, para falar de uma experiência pessoal, envolvendo meu pai.

Foi enfermeiro, num tempo em que esses profissionais tinham um pouco de médico. Trabalhava em pequeno ambulatório, onde atendia pessoas com os mais variados problemas de saúde.

Além dos exemplos de honestidade que legou aos filhos, impressionava pelo espírito humanitário. Tivessem seus clientes dinheiro ou não, de todos cuidava.

Era comum comentar, após um dia de trabalho:
– Hoje só atendi osso!

Significava que estivera às voltas com serviços gratuitos.

Extremamente eficiente, era sempre solicitado quando havia dificuldade em "pegar" uma veia ou passar uma sonda.

– Mão abençoada! – diziam.

É que, despenseiro fiel em sua profissão, fazia por merecer o apoio dos mentores desencarnados que o assistiam.

***

Por mais humilde seja a função que exercitamos, somos todos despenseiros de Deus. Há tarefas que o Senhor nos confiou. Algumas ou muitas pessoas precisam de nós.

Quantos benefícios proporciona um motorista de ônibus prudente e atencioso, conduzindo, com segurança,

dezenas de pessoas ao seu destino?
E o professor que instrui seus discípulos, preparando-os para os desafios da vida?
E o operário da coleta de lixo, que zela pela limpeza? Poderíamos viver numa cidade sem eles?
Assim, em qualquer setor de nossa atividade, somos convocados, perante a família, a profissão, a sociedade, a cuidar dos interesses de Deus.
É algo maravilhoso ter essa consciência, no desdobramento de funções, considerando, intimamente:
– Sou um despenseiro de Deus! O Senhor confia em mim!
A propósito do assunto, vale lembrar uma poesia de Douglas Malloch:

Se você não puder ser um pinheiro no topo da colina,
Seja um arbusto no vale, mas seja
O melhor arbusto à margem do regato.
Seja um ramo, se não puder ser uma árvore.
Se não puder ser um ramo, seja um pouco de relva,
E dê alegria a algum caminho.

Se não puder ser almíscar, seja, então, uma tília,
Mas a tília mais viva do lago!
Não podemos ser todos capitães:

Temos de ser tripulação.
Há alguma coisa para todos nós aqui.
E é a próxima a tarefa que devemos empreender.
Se você não puder ser uma estrada, seja apenas uma senda.
Se não puder ser sol, seja uma estrela.
Não é pelo tamanho que terá êxito ou fracasso,
Mas, seja o melhor, do que quer que você seja!

***

A observação final de Jesus é bastante significativa:

Muito será exigido daquele a quem muito é dado; e daquele a quem muito é confiado, mais ainda será reclamado.

Quanto maior a noção que tenhamos a respeito de nossos deveres como despenseiros de Deus, maior a nossa responsabilidade.

Penso nisso como espírita.

A Doutrina avança muito além das religiões tradicionais no esclarecimento dos porquês da vida.

Estabelecendo uma comparação, diríamos que, em relação às realidades espirituais, profitentes de outras religiões acreditam que há estrelas além das nuvens. Nós as vemos, desvendamos o Além, com os poderosos *telescópios* da mediunidade, que a Doutrina desdobra e disciplina.

Vi, certa feita, uma propaganda que exaltava o algo mais que determinado produto oferecia aos consumidores: uma qualidade melhor, um aproveitamento maior, uma utilização mais eficiente...

O espírita também é chamado a oferecer algo mais: uma compreensão superior, uma paciência mais ampla, uma disposição mais constante de servir, uma vocação melhor definida para o Bem, seja em casa, na profissão, nas atividades sociais, em face da visão das realidades espirituais que se desdobra ao seu olhar.

Espíritos sofredores que se manifestam nos Centros Espíritas, em conseqüência de seus desatinos na Terra, lamentam:

– Ah! Se eu soubesse!

Nós, espíritas, jamais poderemos falar assim.

E esse algo mais, bem mais, que recebemos, representará apenas acréscimo de responsabilidade, se não correspondermos às expectativas de Deus.

Prestação de Contas

Mateus, 25:14-30
Lucas, 19:11-27

Partindo em viagem, um homem chamou os servos e lhes entregou seus bens para que cuidassem deles.

A um deu cinco talentos, a outro dois e a outro um, com o compromisso de fazê-los render.

O talento, moeda em circulação na Palestina, equivalia, segundo Torres Pastorino, a dois mil dólares.

Feita a divisão, o senhor partiu.

O que recebeu cinco talentos passou imediatamente a negociar com eles, e acabou por dobrar o capital, lucro de cem por cento.

O mesmo fez o que recebera dois, com idêntico resultado.

Mas, o que recebeu um talento limitou-se a fazer um buraco no chão e escondeu o dinheiro, como se fazia com freqüência, naquele tempo. Grandes fortunas eram assim preservadas.

Poderíamos tomar essa providência como um ato de prudência. Mais acertado falar em má vontade ou ausência de iniciativa.

***

Passado algum tempo, voltou o senhor e chamou os servos para a prestação de contas.

Veio o primeiro:

– *Senhor, entregaste-me cinco talentos, e aqui estão mais cinco que ganhei.*

– *Muito bem, servo bom e fiel! Já que foste fiel no pouco, confiar-te-ei o muito; entra no gozo do teu senhor.*

Desfrutaria de plena confiança.

Bens maiores lhe seriam entregues.

Veio o segundo:

– *Senhor, entregaste-me dois talentos, aqui estão outros dois que ganhei.*

Ouviu os mesmos elogios.

— *Muito bem, servo bom e fiel! Já que foste fiel no pouco, confiar-te-ei o muito; entra no gozo do senhor.*

O terceiro justificou-se:

— *Senhor, sei que és um homem severo, ceifas onde não semeaste e recolhes onde não espalhaste; temeroso, tratei de esconder o talento na terra e aqui tens o que é teu.*

O patrão ficou indignado:

— *Servo mau e preguiçoso! Sabias que ceifo onde não semeei e que recolho onde não espalhei? Devias, então, ter entregado o meu dinheiro aos banqueiros até minha volta e eu teria recebido o que é meu com juros.*

E dirigindo-se aos guardas:

— *Tirai-lhe, pois, o talento, e dai-o ao que tem os dez talentos, porque todo aquele que tem, mais receberá e terá em abundância, mas ao que não tem, até o que tem ser-lhe-á tirado. Quanto ao servo inútil, lançai-o nas trevas exteriores. Ali haverá choro e ranger de dentes.*

***

Situando o senhor por representação de Deus, seria de se perguntar: Por que castigou o servo, se ele não agiu com desonestidade, cumprindo o dever de zelar pelo valor que lhe foi confiado?

Bem, caro leitor, para um entendimento perfeito, esta parábola pede uma releitura à luz da Doutrina Espírita.

Considerando o talento como moeda, ficaria a questão:

Por que Deus oferece mais recursos a uns que a outros, para que os façam produzir? Seria uma questão de competência?

A razão nos diz que não.

Há muitos ricos, por herança, altamente incompetentes, que dilapidam seus bens em pouco tempo.

Certamente, não é esse o sentido.

Talentos poderiam ser dons que Deus concede a seus filhos, oferecendo-lhes facilidades para determinada atividade.

O dom da oratória, o dom do comércio, o dom da medicina, o dom da inteligência, o dom da habilidade manual, o dom da arte, o dom das línguas.

Mas aqui há outro problema de justiça.

Por que Deus oferece mais talentos a uns que a outros?

Por que me concederia um talento apenas, privilegiando com vários o meu irmão?

Aqui, caro leitor, entra a chave mágica para resolver problemas dessa natureza: a reencarnação.

As aptidões, a facilidade para determinadas atividades, não constituem favores divinos. São conquistas do Espírito imortal.

A vocação de alguém para a música, por exemplo, não é gratuita. Situa-se por fruto de experiências pretéritas, em múltiplas reencarnações.

Mozart, que já tocava piano como gente grande na infância, e que no início da adolescência compunha música erudita, apenas revelava a bagagem acumulada em séculos de aprendizado.

Mas, para que pudesse exercitar seus talentos, possuía áreas do seu cérebro ativadas, bem como excelente coordenação motora.

Outro exemplo:

O neurocirurgião, que realiza prodígios em operações extremamente delicadas, certamente esteve ligado à Medicina em vidas anteriores. Daí a sua aptidão.

Para exercitá-la deve ter mãos fortes e hábeis, um sistema nervoso ajustado e, sobretudo, desfrutar a possibilidade de freqüentar uma faculdade de Medicina.

De nada lhe valeria a experiência anterior se recebesse um corpo com limitações, um sistema nervoso pouco ajustado, ou houvesse nascido numa favela, sem acesso ao estudo, confinado em serviços braçais que arruinariam a sensibilidade e a habilidade manual.

Podemos dizer, então, que talento, na interpretação da parábola, significa *oportunidade*.

***

Todos temos determinadas aptidões, fruto de experiências pretéritas.

É algo nosso, conquista inalienável.

Isso é tão bem delineado em nossa personalidade, que hoje há testes vocacionais orientando os jovens para um direcionamento profissional, ajudando-os a perceber onde estão suas facilidades, em relação a determinadas ocupações, a fim de que obtenham sucesso.

A aptidão, portanto, é nossa.

O talento, ou a oportunidade de exercitá-la, vem de Deus.

Podemos até armar uma equação bem simples:

Aptidão + talento (oportunidade) = sucesso.

Nem sempre parece dar certo.

Há muita gente com aptidão que não obtém sucesso,

ainda que surjam as oportunidades.
Falta um elemento nessa equação.
O correto seria:

Aptidão + talento ou oportunidade + iniciativa = sucesso.

Em síntese:
Deus nos dá o dom da Vida, o grande talento, que somado às nossas aptidões, resultará em existência empreendedora, produtiva, feliz, desde que tomemos a iniciativa.

***

Há quem reclame ser pouco aquinhoado de oportunidades para exercitar suas aptidões, muito pobre, muito limitado...

Bem, há problemas cármicos, compromissos de resgate, que podem impor dificuldades.

Mas é um erro imaginar que por isso devemos ficar inertes, a ver a vida passar, debruçados na janela da indiferença.

É uma atitude negativa, indolente, típica do terceiro servo.

Por pior seja a nossa situação, detemos talentos de valor inestimável.

São bens tão preciosos que não nos desfaríamos deles por dinheiro algum.

Vale lembrar a história daquele homem que reclamava da vida.

Dizia-se pobre, limitado, sem maiores possibilidades.

Não tinha inteligência brilhante, nem facilidade para o aprendizado, nem pais ricos, nem posição social destacada.

Um amigo propôs-se a dar-lhe uma lição.

— Uma boa soma de dinheiro ajudaria?

— Claro! Com dinheiro fica mais fácil!

— Está bem. Dar-lhe-ei cinqüenta mil reais por suas pernas.

— Está brincando! Nem por cem mil!

— Então ficarei com seus braços: cem mil reais...

— De forma alguma!

— Pois bem! Fico com seus olhos, por duzentos mil reais.

— Está louco! Por dinheiro algum venderia parte de mim, muito menos os olhos!

O amigo sorriu.

— Está vendo! Você é muito rico e nem se deu conta disso. Deixe de reclamar e use esse tesouro que Deus lhe concedeu. Ponha-o a render com trabalho perseverante, aproveitando o dom da vida, e haverá de conseguir os recursos que deseja.

***

Imperioso não esquecer: chegará o dia em que Deus nos pedirá contas dos talentos que nos confiou, tais como:

- A experiência humana.

- A benção do corpo.

- As possibilidades da inteligência.

- As habilidades pessoais.

- O conhecimento religioso.

- A oportunidade de servir.

Na proporção em que tivermos feito bom uso deles, novos talentos nos serão confiados, ampliando sempre nossos patrimônios culturais e espirituais.
Aquele que muito tem, diz Jesus, mais receberá!

Mas, se enterrarmos os talentos, presos à indolência e à indiferença, ao comodismo e à má vontade, nada produ-zindo nos domínios do Bem e da Verdade, enfrentaremos limitações duras no futuro, sem as benesses do presente.

Seremos constrangidos a rever nossas posições pela mestra Dor, simbolizada naquele *choro e ranger de dentes*, a fim de que aprendamos a valorizar os patrimônios que o Senhor nos confia.

O Dia e a Hora

Mateus, 25:1-13

Diz Jesus:

O Reino dos Céus é semelhante a dez jovens que, tomando as suas lâmpadas, saíram ao encontro do noivo.

Numa sociedade teocrática, regida por leis de caráter religioso, havia expressiva e discriminatória liberalidade de Jeová, o Deus judeu, em favor dos homens. O mesmo não ocorria com a pobre mulher, que sofria variadas restrições. Uma delas era a rigorosa proibição de cultivar mais de um relacionamento afetivo.

Se não observava essa regra, sujeitava-se a julgamento por adultério e a morrer apedrejada, costume bárbaro veementemente combatido por Jesus. É ilustrativa a passagem em que salva uma mulher acusada de traição conjugal *(João, 8:1-11):*

Conteve a sanha daqueles que a condenavam ao dizer, com toda a sua força moral, que atirasse a primeira pedra quem estivesse sem pecado. Ninguém se atreveu a tomar a iniciativa. Ninguém era suficientemente puro.

A posição do homem era bem confortável.

Poderia ter tantas mulheres quantas pudesse sustentar, o que não era difícil naqueles tempos recuados, em que não havia indústria da moda, nem cosméticos...

Além do mais, ter uma esposa era como contratar uma serviçal doméstica, que trabalhava sem remuneração, em troca de casa e comida, com a obrigação de servir o patrão na intimidade e cuidar dos filhos, na eventualidade de engravidar.

Mesmo numa cultura machista, que admitia a poligamia por parte do homem, é espantoso esse casamento envolvendo um noivo para dez noivas. Alguns exegetas preferem considerar que estas eram damas de companhia de uma única noiva.

Não é o que nos diz o próprio texto, que encerra uma das freqüentes hipérboles (figura exagerada), usadas por Jesus para fixar seus ensinamentos.

***

Segundo os costumes da época, as festas de casamento duravam vários dias, com comemorações separadas.

O noivo e a noiva, ou noivas, rodeados por amigos e parentes, festejavam, aguardando o momento das núpcias.

Era o que chamaríamos hoje de *despedida de solteiro*.

Havia um momento em que o noivo, acompanhado de seus padrinhos, buscava a eleita, e a levava para sua própria casa, onde seria realizada a cerimônia.

Ocorria à noite.

A noiva devia estar munida de uma lâmpada alimentada por azeite.

***

No relato evangélico, as dez jovens estavam reunidas num mesmo local, à espera do noivo.

Bons tempos! Hoje é o pobre noivo quem a espera no altar, torcendo para que não desista ou que o tradicional atraso seja pequeno.

Jesus faz uma distinção entre as noivas:

Havia cinco prudentes e cinco insensatas.

As primeiras trataram de preparar vasilhas com azeite para alimentar as lâmpadas.

As insensatas não se preocuparam com isso.

Cansadas pela espera, todas acabaram por tirar um cochilo.

À meia noite, ouviu-se o alerta:

– *Aí vem o noivo!*

As jovens acordaram sobressaltadas.

Imediatamente trataram de preparar-se para o encontro, tomando suas lâmpadas.

Como as insensatas não tivessem reserva de óleo, as lâmpadas logo bruxulearam.

Pediram ajuda às companheiras.

– *Dai-nos do vosso azeite; as nossas lâmpadas se apagam.*

Revelando bom senso, responderam as prudentes:

– *Se dividirmos o azeite vai faltar para todas nós. Ide antes aos que o vendem, e comprai.*

E foram as insensatas, rapidinho, providenciar o combustível, certamente acordando o dono de algum estabelecimento ou pedindo emprestado a alguém.

Nesse ínterim, chegou o noivo.

As noivas que estavam preparadas partiram com ele. Logo após entrarem em sua casa, fechou-se a porta. Mais tarde chegaram as retardatárias. Batiam à porta, a pedir:

– *Senhor, senhor, abre-nos a porta!*

Ele respondeu:

– *Em verdade vos digo que não vos conheço.*

Jesus termina a parábola, advertindo:

– *Portanto, vigiai, porquanto não sabeis o dia nem a hora.*

***

Como já comentamos, os judeus costumavam simbolizar sua relação com Deus como um contrato de casamento.

Consagraram-se, desde os tempos mais recuados, alianças desse tipo.

Uma delas envolve Noé, patriarca judeu, quando Jeová, cansado da Criação, resolveu acabar com tudo (*Gênesis, 6:7):*

– *Destruirei o Homem de sobre a face da Terra. Destruirei o Homem, bem como os animais, os peixes, as aves, porque me arrependo de tê-los criado.*

Noé ganhou as boas graças de Jeová, que o orientou na construção de fabulosa arca que salvaria a vida na Terra.

Em vários ensinamentos, Jesus usou essa mesma imagem para situar sua comunhão com os discípulos.

É o que faz nesta parábola.

A sua posição está definida na afirmativa *(João, 14:6)*:

– *Eu sou o Caminho, a Verdade e a Vida. Ninguém vai ao Pai senão por mim.*

A meta suprema de nossa vida é a comunhão com Deus, em plena integração aos ritmos da harmonia universal. Seremos Espíritos puros e perfeitos, prepostos divinos.

Numa jornada que demandará milênios sem conta, seria altamente satisfatório que pudéssemos apressar o passo.

Para isso Jesus veio.

É o Caminho, traçado na beleza e sabedoria de suas lições, reta perfeita para as esferas superiores.

É a Verdade, sinalizando o que o Senhor espera de nós.

É a Vida, intensa e feliz, que circula em nossas veias, quando o seguimos, rumo à gloriosa destinação.

No verdor e na inconseqüência dos primeiros anos, na infância e na adolescência, somos seres ador-mecidos em relação a essas questões.

Esse sono pode prolongar-se pela vida adulta, mas marcado por certa inquietação, como se estivéssemos à espera de algo muito importante:

Um encontro com o Cristo!

***

Ao contato com os valores do Evangelho é como se alguém anunciasse no imo de nossa consciência:
– É chegada a hora!
Em princípio, é maravilhoso.

Ficamos encantados com as lições de Jesus, principalmente quando as apreciamos à luz da Doutrina Espírita.

Mas há um problema:

Para acompanhar o Cristo é preciso manter acesa a chama do ideal. O combustível, o óleo sagrado, chama-se *espiritualidade*. É a busca do aprimoramento moral e intelectual, e o desapego dos interesses humanos, com seus vícios, ambições e paixões.

Se não temos suprimento desse combustível, o ideal logo bruxuleia e se apaga.

Ficamos perdidos nos desvios do Mundo.

***

As noivas sensatas representam os que cultivam valores espirituais.

As imprudentes simbolizam os que se distraem, atraídos pelo imediatismo terrestre.

Perdem tempo e só cogitam do assunto quando se aproxima a hora de retornarem ao Além, temerosos da grande transição.

Mas, então, fechou-se a porta da oportunidade.

Perderam o ensejo.

Essa adesão *in extremis* pode favorecer uma partida menos traumática da Terra, mas não os habilita às benesses do Céu.

Nesse aspecto, também vale a advertência de Jesus:

– *...vigiai, porquanto não sabeis o dia nem a hora.*

Romper o Solo

Marcos, 4:26-29

Nunca será demais repetir que o Reino Divino é enfatizado por Jesus como realização pessoal, algo que devemos edificar em nós mesmos, um estado de plenitude existencial.

Será concretizado à medida que nos aproximarmos da perfeição. Harmonizados com a Criação, seremos prepostos de Deus.

O exemplo maior: Jesus, nosso guia e modelo.

Chegaremos um dia onde ele está.

Esteve ele um dia onde estamos.

Alguém dirá que é uma heresia nos compararmos ao enviado celeste.

Heresia, além de flagrante injustiça, seria imaginar que Deus o tenha criado puro e perfeito.

Por que apenas Jesus?

Uma das belezas do Espiritismo é a noção de que não há privilégios.

Todos estamos destinados à perfeição!

E há um detalhe, amigo leitor: lá chegaremos fatalmente, mais cedo ou mais tarde, queiramos ou não, porque essa é a vontade de Deus, que não falha jamais em seus objetivos.

O tempo que nos separa dessa realização grandiosa depende de nossa iniciativa.

Quem mais se esforçar, mais depressa há de chegar.

Apressaremos o passo com o amadurecimento, no desdobrar de experiências evolutivas, superando mazelas e imperfeições, como o adulto que deixa a inconseqüência dos verdes anos.

***

Questionará você:

Por que tanto tempo? Não poderia Deus nos ter criado perfeitos, evitando essa trabalheira toda, em milênios sem conta?

Algo semelhante poderíamos indagar ao candidato à paternidade:

Por que, ao invés de gerar um filho, que vai exigir mil cuidados em princípio e mil preocupações depois, você não compra um computador?

Virá prontinho, sem os aborrecimentos da gestação, nem as tensões do parto.

Não será preciso passar noites em claro, quando doente, nem atormentar-se com eventuais berreiros...

Ele estará *acordado* ou *dormindo*, conforme sua vontade.

Será extremamente obediente, sempre disposto a acatar suas ordens, sem brigas ou discussões...

Se infectado, será fácil deletar o bichinho com programas antivírus, o antibiótico da informática.

Haverá de divertir-se com ele, sem compromisso.

E se começar a aborrecer, lerdo ou impreciso, no cumprir suas ordens, poderá substituí-lo por outro, mais moderno e rápido.

Certamente, ele responderá:

– Não teria graça. Estaria lidando com simples máquina, sem personalidade, sem vontade própria. Não seria parte de mim! Não haveria legítima interação entre nós.

Perfeito!

Deus não quer computadores. Concedeu-nos o dom da Vida e nos dotou de Suas potencialidades criadoras, que devemos desenvolver com nossos próprios esforços, a fim de valorizarmos nossas conquistas e forjarmos nossa própria individualidade.

Então nos relacionaremos com Ele, não como máquinas, mas como filhos!

***

Nesse processo, é interessante o simbolismo usado por Jesus, na Parábola da Semente:

O Reino de Deus é semelhante a um homem que lança à terra a semente.
Quer o homem durma, quer vele dia e noite, a semente germina e cresce sem que saiba como.
A terra por si mesma produz frutos, primeiro a erva, depois a espiga e, por último, o grão graúdo na espiga.
Amadurecido o fruto, logo se lhe mete a foice, porque é chegada a época da colheita.

Para bem entendermos a parábola, vamos lembrar que a vida, nos reinos inferiores, é animada por um princípio espiritual em evolução.

Uma árvore, um inseto, um peixe, um cachorro, todos os seres vivos, possuem "alma".

Observe, leitor, que usei aspas, já que não são seres pensantes. Apenas embriões. Atendendo às leis de evolução, serão, em futuro remoto, Espíritos.

Em cada nível onde venham a estagiar, nos reinos inferiores, atendem a finalidades específicas, contribuindo para o equilíbrio da Natureza.

Tudo, na Criação, tem sua utilidade, atendendo aos desígnios divinos.

***

O Reino de Deus, diz Jesus, é semelhante ao homem que semeia.

O *homem* – o Criador.

A *semente* – as criaturas.

O solo representa o processo reencarnatório, o mergulho na "terra".

Em princípio, apenas embrião de Espírito, submetemo-nos aos transformismos impostos pelas leis da Natureza, em incontáveis experiências na gleba terrestre.

Fomos conduzidos pelo instinto de conservação, que preside todas as formas vivas.

Orientamo-nos pelo egocentrismo, o viver em função de nós mesmos, visando unicamente a sobrevivência e a perpetuação da espécie.

Assim, passaram-se milhões de anos, em que fomos trabalhados pelas forças divinas, transitando pelos reinos inferiores, desenvolvendo-nos até atingir a complexidade necessária para ensaiar o pensamento.

Então, nos tornamos Espíritos, seres pensantes, dotados do livre arbítrio, da capacidade de caminhar pela própria iniciativa, não mais conduzidos pelo instinto.

No simbolismo evangélico, diríamos que essa transição está representada pelo momento em que a semente germina e surge o embrião que, por impulso irresistível, busca a superfície.

Ocorre que o solo que a alimenta é também a sua prisão, o seu grilhão, que deve romper.

***

Dotados do mesmo impulso irresistível da semente, ansiamos subir, crescer, buscando nossa gloriosa destinação.

É o que poderíamos denominar *instinto de evolução*, que nos impõe um estado de permanente inquietação, uma indefinível insatisfação.

O problema, no atual estágio, é justamente *romper o solo!* Superar os impulsos egocêntricos que foram úteis no passado, mas que agora nos impedem de ganhar as alturas.

Como vencer esse desafio?

A fórmula é simples, ensinada por Jesus:

Fazer ao semelhante o bem que gostaríamos nos fosse feito.

Se é tão simples, por que raros o fazem? Bem, há, a nosso ver, dois fatores que nos bloqueiam.

Primeiro: a impregnação. As tendências egocêntricas são muito fortes em nós. Difícil rompê-las. Impossível nos envolvermos com o bem-estar alheio, se estamos empolgados pelo próprio bem-estar.

Segundo: a superficialidade. Tendemos a encarar com displicência o que não diz respeito aos interesses imediatistas.

Será complicado superar os impulsos egocêntricos enquanto não nos detivermos no estudo, no empenho por entender os objetivos da existência humana, conforme a visão espírita.

***

Aqueles que superam o egoísmo crescem rapidamente.

Em sintonia com as fontes divinas, desfrutam de maior estabilidade ao enfrentar os desafios da vida, porque pensam mais nos outros que em si mesmos, sempre dispostos a fazer o melhor.

Se falece o ente querido, não se desesperam, não se revoltam, não cultivam sentimentos negativos de frustrante perda. Consideram que o ser amado libertou-se e que é preciso pensar em seu bem-estar. Está enfrentando a crise da morte, as dificuldades naturais de readaptação à vida espiritual.

Se alguém lhes causa prejuízos morais ou materiais, não nutrem sentimentos de rancor ou ódio e muito menos o desejo de vingança, dispondo-se a orar por ele.

Se sofrem desilusões amorosas, enfrentando traições e abandono, concebem que ninguém é dono de ninguém e seguem o seu caminho.

Assim, conservam a própria estabilidade, em todas as situações, crescendo rápida e vigorosamente, rumo ao Infinito.

É o trigo que amadurece, o Espírito superior, sintonizado com a Criação, capaz de *alimentar* a todos com os quais se relacione, cumprindo a vocação maior dos filhos de Deus: servir!

Transparência

Mateus, 13:31-35

Se Jesus veio à Terra com a missão de nos ensinar o caminho do Reino, entende-se que todos aqueles que entram em contato com o Evangelho são convidados à gloriosa viagem.

Tudo o que o Mestre espera é que tenhamos boa vontade e disposição de servir, cultivando um comportamento compatível com nossa condição de aprendizes.

Não é fácil.

André Luiz diz que, contra a pálida réstia de luz do presente, há montanhas de trevas do passado, em nosso coração.

E o apóstolo Paulo acentua *(Romanos, 7:19):*

O bem que eu quero, não faço. O mal que não quero, esse eu faço.

Ainda há muita fragilidade em nós.

Estamos demasiadamente comprometidos com instintos primitivos e com o egoísmo. Daí a dificuldade em exercitar o Bem, alicerce do Reino.

Por isso, muitos trabalhadores iniciantes acabam desistindo, como se cansassem de ser bons.

Jesus vem em nosso socorro com a Parábola da Semente de Mostarda.

A que compararemos o Reino de Deus?
Por que parábola o representaremos?
É semelhante ao grão de mostarda.
Quando lançada ao solo é a menor de todas as sementes da Terra.
Mas, depois de semeada, vai crescendo e acaba por se tornar a maior de todas as hortaliças, criando ramos tão grandes que as aves do céu podem aninhar-se à sua sombra.

Algo semelhante acontece conosco.

Temos as sementes do Bem depositadas por Deus em nosso coração.

Minúsculas, pouco repercutem em nossa vida, asfixiadas pela inferioridade humana, luz eclipsada pelas sombras da indiferença.

Mas, se lhes dermos atenção, operarão prodígios de renovação, cumulando-nos de bênçãos.

Nesse aspecto, há atitudes fundamentais, das quais não podemos fugir, se desejamos que a semente germine.

Uma delas, das mais importantes, é a *transparência*.

A sociedade humana vive de aparências, resvalando perigosamente para a hipocrisia.

As pessoas mentem com freqüência.

Muitos mentem o tempo todo.

É uma tendência que se manifesta desde o estágio infantil, considerada normal pelos psicólogos, mas que apenas exprime um aspecto da imaturidade humana.

***

A convivência com a mentira gera inúmeros embaraços ao Reino.

Se bem observarmos, constataremos como nossa vida é extremamente complicada, por vivermos num mundo onde grassa a mentira.

Exemplo típico – a carteira de identidade.

O que é o famoso RG senão o atestado de que falamos a verdade, quando declinamos nosso nome, naturalidade, nacionalidade, filiação, data de nascimento?

A propósito, passei por interessante experiência.

Há alguns anos, com compromisso no Rio de Janeiro, apresentei-me no balcão da ponte aérea, no Aeroporto de Congonhas, em São Paulo.

A atendente solicitou-me o RG.

– A passagem não está em ordem?
– Sim, mas é preciso que se identifique.
– Não basta declinar meu nome?
– Não, porque qualquer pessoa pode dizer que é o senhor.
– Não o trago comigo.
– É obrigatório. Sem ele não poderá embarcar.
– Devo provar que eu sou eu mesmo?
– Exatamente.
– Não há um jeito de superar o problema?
– Bem, se houver alguém que o conheça...
– Para testemunhar que eu sou eu mesmo?
– Sim.
– Deverá portar o RG?
– Claro! Se não puder provar que ele é ele mesmo, como vai testemunhar que o senhor é o senhor mesmo?

Fazia sentido.

Procurei um abençoado conhecido, convenientemente munido do poderoso RG.

Esforço infrutífero.

Tornei ao balcão. A jovem permaneceu irredutível.

– Sinto muito. Nada posso fazer.
– Há alternativa?
– Tente o DAC.
Conversei com o oficial, no Departamento de Aviação Civil.
Foi enfático:
– Temos que cumprir o regulamento.
Falei com o gerente da ponte aérea. Expus-lhe o problema, acentuando:
– ...tenho compromisso inadiável!
Censurou-me:
– Não entendo como tem coragem de viajar sem identificação!...
Bem, leitor amigo, para não encompridar o assunto, digo-lhe que, após *marchas e contramarchas,* ele acabou por sensibilizar-se.
– Sua história parece verdadeira. O senhor até tem jeito de honesto! Vou autorizar a viagem. Mas, em seu próprio benefício, não esqueça o RG. Poderá ter problemas mais sérios.

***

Imagino que viveríamos muito melhor se pudéssemos eliminar a mentira, envolvendo vários aspectos importantes, no relacionamento humano.

Sem a mentira não teríamos:

- Adúlteros.
Como trair o cônjuge, sem mentir para ele?

- Assaltantes.
Como vender o produto do roubo, sem fantasiar a procedência?

- Estelionato.
Como lesar alguém, sem enganá-lo?

- Comerciantes desonestos.
Anunciam lucro mínimo, muito abaixo do lucro real.

- Políticos venais.
Prometem tudo e não cumprem nada.

- Maledicentes.
Divulgam boatos maldosos de forma irresponsável, como quem solta penas ao vento, comprometendo reputações.

Sem a mentira, haveria confiança entre as pessoas, esse produto tão escasso hoje em dia, sem o qual fica difícil

conviver, principalmente no relacionamento familiar.
Um lar sem confiança entre os cônjuges está sujeito a toda sorte de problemas.

No livro *Sucesso nas Relações Humanas*, William Reilly faz um estudo sobre as quatro posturas fundamentais que uma pessoa pode assumir em relação a outra:

Confiança, relativa confiança, suspeita e descrença.

Ele nos conta uma mesma história quatro vezes, exemplificando esses níveis.

• Confiança.

Um homem retorna ao lar, após estafante jornada de trabalho que se prolongou até aquele horário. Não avisou a esposa, porque o telefone estava com defeito.

Entra em casa silenciosamente.

Não obstante, a esposa percebe sua presença.

– É você, Rogério?

– Sim, querida, sou eu – responde com voz cansada.

Em breves momentos ela está a seu lado.

– Onde esteve até agora? Fiquei preocupada!

– Trabalhando no escritório, meu bem. Muito serviço...

– Ah! Então deve estar cansado. Vou preparar algo para comer, enquanto vai banhar-se.

Temos aqui uma relação ideal. Compreensivelmente, a esposa quer saber por que o marido se atrasou. Recebe a informação e se dá por satisfeita. Há assuntos mais interessantes.

• Relativa confiança.

Um homem retorna ao lar, após estafante jornada de trabalho que se prolongou até aquele horário. Não avisou a esposa, porque o telefone estava com defeito.
Entra em casa silenciosamente.
Não obstante, a esposa percebe sua presença.
– É você, Rogério?
– Sim, querida, sou eu – responde com voz cansada.
Em breves momentos ela está a seu lado.
– Onde esteve até agora? Fiquei preocupada!
– Trabalhando no escritório, meu bem. Muito serviço...
– Até esta hora?! Deve ter sido algo muito importante!
– E foi, querida! Tenho na pasta um comunicado da matriz, insistindo para que remetamos o balanço amanhã. Foi uma correria!
– Ah! Então deve estar cansado. Vou preparar algo para comer, enquanto vai banhar-se.

A esposa não se contentou em saber que o marido

estava trabalhando. Quis detalhes.

Atitude aceitável, desde que ele, não obstante o cansaço, disponha-se às explicações solicitadas.

• Suspeita.

Um homem retorna ao lar, após estafante jornada de trabalho que se prolongou até aquele horário. Não avisou a esposa, porque o telefone estava com defeito.
Entra em casa silenciosamente.
Não obstante, a esposa percebe sua presença.
– É você, Rogério?
– Sim, querida, sou eu – responde com voz cansada.
Em breves momentos ela está a seu lado.
– Onde esteve até agora? Fiquei preocupada!
– Trabalhando no escritório, meu bem. Muito serviço...
– Até esta hora?! Deve ter sido algo muito importante!
– E foi, querida, tenho na pasta um comunicado da matriz, insistindo para que remetamos o balanço amanhã. Foi uma correria!
– Posso ver o comunicado?
Toma-o em suas mãos. Examina-o:
– Que dia é hoje?
– Dia dez.
– Mas este comunicado é do dia nove. Por que só

hoje houve essa suposta correria?
— É simples. Foi transmitido via internet ontem à tarde. Tomamos conhecimento hoje, pela manhã. Veja que tem até o horário...
— Estranho... Afinal, nunca aconteceu antes...
— Sempre há uma primeira vez.
— Quem mais ficou trabalhando com você?
— Todo o pessoal do escritório.
— O Luiz também?
— Claro! É o encarregado da contabilidade.
— Então, tudo bem. Confirmarei amanhã com sua esposa Lúcia.

Ela não se deu por satisfeita. Pretendia checar a informação, envolvendo outras pessoas.
Relação conturbada. Mas pode ser pior...

• Descrença.

Um homem retorna ao lar, após estafante jornada de trabalho que se prolongou até aquele horário. Não avisou a esposa, porque o telefone estava com defeito.
Entra em casa silenciosamente.
Não obstante, a esposa percebe sua presença.
— É você, Rogério?
— Sim, querida, sou eu – responde com voz cansada.

Em breves momentos ela está a seu lado.
Aqui, alteração radical.
Tem olhar fuzilante.
Extremamente nervosa, indaga aos gritos:
– Onde foi que o senhor esteve? Não me venha com mentiras! Não me venha com mentiras, ouviu?!
Ele, nervoso, atropelando as palavras:
– Estava no escritório... Tenho na pasta um comunicado da matriz! É o relatório! Deve ser entregue amanhã, sem falta! Ficamos até agora levantando dados!
– Ora, seu miserável! Cafajeste! Mau caráter! Acha que vou acreditar nessa mentira deslavada?! Telefonarei para a matriz! Conversarei com seus subordinados! Ai de você quando descobrir o que andou fazendo!

Ela simplesmente não acredita no marido e vive a imaginar traições infamantes em tudo o que ele diz.

Convivência impossível.

Em situação dessa natureza, a separação é quase inevitável.

***

Os níveis de comportamento da esposa em relação ao marido estão subordinados, essencialmente, ao seu estágio de evolução espiritual e moral.

Uma mulher educada jamais se comportaria da

forma como situamos o quarto caso, mesmo diante da mais deslavada mentira.

Não obstante, se o marido jamais lhe houvesse mentido, revelando-se um amigo incondicional da verdade, ela, mesmo que dotada do espírito mais mesquinho, não poderia colocar em dúvida suas afirmativas.

Estaria preservada a confiança, garantindo relativa estabilidade ao lar.

***

Talvez o mais importante, no sentido de nos dispormos ao cultivo da verdade, seja o fato de que, em relação aos problemas humanos, a mentira jamais os soluciona. Apenas os transfere, em regime de débito agravado.

Podemos dispensar o cobrador, mandando dizer que não estamos em casa, mas ele voltará e a dívida será maior.

E, antes de representar um recurso para facilitar a existência, a mentira apenas a torna mais complicada.

O mentiroso torna-se escravo da mentira. Para sustentar a mentira inicial é obrigado a mentir sempre, comprometendo-se moral e espiritualmente.

Ensina Jesus *(Mateus, 5:37):*

– *Seja o vosso "Sim", sim, e o vosso "Não", não.*

Tudo o que disso passar procede do maligno.

Esse *procede do maligno* significa que a mentira chega sempre das faixas mais escuras da personalidade humana, com conseqüências danosas para nós.

No tesouro de nossas lembranças mais ternas da infância, há a figura de Pinocchio, boneco feito gente, cujo nariz crescia a cada mentira, causando-lhe sérios embaraços.

É evidente que nosso nariz não cresce quando mentimos, mas desajusta-se o nosso psiquismo, oferecendo a seguinte sinalização:

• Para os benfeitores espirituais.
Pessoa imatura que não merece confiança.

• Para os malfeitores do Além.
Porta que se abre à sua influência.

Quem se habitua à mentira é candidato certo às perturbações espirituais.

Cultivar a verdade, portanto, não é apenas uma contribuição em favor da confiança e da paz entre os homens. Trata-se do mínimo que devemos fazer em favor de nosso próprio equilíbrio e do melhor aproveitamento das oportunidades de edificação da jornada humana.

***

Alguém poderá contestar:
— Valerá a pena tanto rigor conosco? Não estaremos em desvantagem num mundo onde as pessoas mentem até por comodismo?

Respondemos com outra pergunta:
— O que seria do Cristianismo, se os primitivos seguidores de Jesus proclamassem, diante dos soldados romanos:
— Não sou cristão!

Com essa simples mentirinha estariam livres da prisão, dos maus tratos, das feras famintas e da fogueira.

Foi sua fidelidade à verdade uma das bases que permitiram ao Cristianismo sobrepor-se às perseguições, para fixar-se na Terra como supremo marco de luzes, alicerce para a edificação do Reino de Deus.

Os testemunhos a que somos convocados hoje não são tão difíceis.

Ninguém nos pede que morramos pelo Evangelho. Apenas que vivamos como cristãos, fiéis ao Bem e à Verdade.

É impressionante como um comportamento autêntico acaba por impor-se às pessoas, convocando-as a meditar sobre os valores da Verdade, mesmo que o exemplo parta do mais humilde mortal.

Uma jovem foi tentar a vida em São Paulo. Empregou-se como serviçal doméstica em casa de abastada família. Cuidava de suas obrigações, no segundo dia de trabalho, quando soou o telefone. Após atendê-lo foi à presença do patrão, que naquele momento almoçava, dizendo-lhe que a ligação era para ele.

A resposta veio pronta:

– Diga que não estou.

A jovem teve um sobressalto.

– O senhor quer que eu diga que está ocupado ou almoçando?

– Não! Diga simplesmente que não estou!

– Desculpe, mas isso não posso fazer...

– Ora essa, por quê?

– Jesus nos diz que devemos falar sempre a verdade.

– Você não vai mentir, menina. Apenas transmitirá um recado.

– Sim, mas se não for verdade estarei mentindo...

– Você é minha empregada! Deve fazer o que eu mando!

– Desculpe, mas essa ordem não posso cumprir.

– Será despedida!

– Deixarei sua casa se for sua vontade, mas não posso negar meus princípios...

O patrão, profundamente irritado, não teve alternativa.

Foi atender o telefone, mas decidido a orientar sua esposa, que estava ausente, quanto à demissão daquela atrevida.

Contudo, não obstante voluntarioso, era um homem inteligente e sensível. À tarde, em sua indústria, não conseguiu esquecer o episódio, impressionado com aquele exemplo de fidelidade à verdade, principalmente por partir de alguém tão jovem e tão pobre! E comentava com um amigo:

– Sinto-me arrasado. Aquela menina está morando em minha casa, longe dos familiares. Se eu a despedir, não terá onde ficar. No entanto, não vacilou em sacrificar sua segurança, seu emprego, sua moradia, por amor à verdade. E eu a exigir que mentisse, apenas por comodismo!

Regressando ao lar, chamou a jovem:

– Peço-lhe perdoar o que aconteceu. Não pretendo despedi-la. Tal fato não mais se repetirá. Sei agora quanta consideração e confiança você merece.

***

Diz Jesus *(João, 8:32):*

Conhecereis a verdade, e a verdade vos fará livres.

O Mestre não se reporta apenas ao conhecimento que venhamos a deter sobre as realidades universais...

Fala-nos, sobretudo, da liberdade de consciência, própria de quem é transparente, de quem não tem nada a esconder.

Não há preço que pague a tranqüilidade que sentimos quando a Verdade, essa maravilhosa semente do Reino, germina em nossa consciência.

O Fermento Divino

Mateus, 13:33

Desde que foi anunciado por Jesus, o Reino de Deus era aguardado pela primitiva comunidade cristã.

Imaginava-se que aconteceria de imediato, não como simples conquista individual a que todos somos convocados, mas como realização coletiva

Os apóstolos chegaram a disputar entre si qual seria o maior, o mais importante na nova ordem, como preposto de Jesus.

O Reino não veio.

Ao longo destes dois mil anos de Cristianismo não poucos "arautos" proclamaram seu advento, até fixando datas.

Colhem frustrações seus seguidores.

O que podemos dizer, sem sombra de dúvida, é que o Reino ainda tardará.

Perdoe a insistência, caro leitor, mas é importante enfatizar a instalação do Reino no coração humano para que se concretize no Mundo, envolvendo um comportamento evangelizado, marcado por atitudes mais ou menos assim:

- Jamais se encolerizar.

- Cultivar pureza de sentimentos.

- Respeitar o próximo.

- Perdoar incondicionalmente.

- Orar pelos agressores.

- Guardar fidelidade à verdade.

- Desapegar-se dos bens materiais.

- Amparar os carentes.

- Confiar irrestritamente em Deus.

- Servir sempre.

Dá para entender porque estamos longe dele.

Há quem fale em expurgo.

Sairão da Terra os recalcitrantes.

Bem, se isso fosse feito nos tempos atuais, quem ficaria?

Tão distanciados estamos da vivência evangélica que, ao encontrar alguém que cumpre os ensinamentos de Jesus, ficamos pasmos.

Gente como Chico Xavier, Bezerra de Menezes, Madre Tereza de Calcutá, Irmã Dulce, que consagraram suas vidas ao esforço do Bem, parecem extraterrestres, visitantes de outros planetas...

Se contássemos apenas com Espíritos dessa estirpe, cidadãos autênticos do Reino, não precisaríamos de um Continente, País ou Estado; nem mesmo de uma cidade ou bairro para abrigá-los.

Caberiam todos num condomínio.

***

Há religiosos que afirmam:

No momento oportuno, Deus fará valer Sua vontade, mediante uma lei incisiva:

Artigo primeiro:
Está instituído o Reino na Terra.

Artigo segundo:
Revogam-se as disposições em contrário.

Seria uma beleza! Consideremos, todavia, que isso já foi feito pelo Imperador Constantino, no século quarto da Era Cristã, quando iniciou o processo que transformaria o Cristianismo em religião oficial do Império Romano.

Foi um desastre.

O movimento se institucionalizou e foi corrompido pelas mazelas humanas, culminando com aberrações como as Cruzadas, o imperialismo, a Inquisição, o culto exterior, a idolatria, o comércio das indulgências...

A Verdade e o Bem, que caracterizam a vivência do Evangelho, são conquistas pessoais que demandam muitas lutas e sacrifícios.

Não são passíveis de imposição por decreto.

Constituiriam *letra morta*.

Há um poema de Cassiano Ricardo, bem ilustrativo, a esse respeito:

O homem da lei decreta

Que não haja mais fome,
Que não haja mais frio,
Que sejamos irmãos
Uns dos outros,
Datilograficamente.

Nada mais angélico do que a sua íntima convicção
De que dirige o acontecimento.

No outro dia decreta
Que não haja mais sede,
Que não haja mais crime,
Que me queiras bem.
Que é isto o que quer dizer
Amai-vos uns aos outros.

Mas o seu decreto
É escrito sobre areia,
No papel, na onda,
Na asa da borboleta,
No teu coração – enigma
Que não se comove.

E o mundo continua
Pagando o mesmo erro, o mesmo

Da manhã imemorial.
E há dores ilegais,
E há lágrimas ilegíveis,
E há – principalmente –
O teu coração – enigma
Que não se comove.

O problema do Homem é exatamente esse – o enigma de um coração que não se comove, numa consciência adormecida.
Repetimos, indefinidamente, o *erro da manhã imemorial*, em que crucificamos Jesus, quando:

- Não perdoamos o ofensor...

- Negamos auxílio ao necessitado...

- Discriminamos o "pecador"...

- Traímos a confiança do amigo...

- Negligenciamos o familiar...

- Desrespeitamos as leis...

- Exercitamos a maledicência...

- Cultivamos vícios...

É imensa a listagem de nossas defecções, sob a ótica do Evangelho.

Por isso, demorará o Reino, mas virá, certamente, porquanto, consciente ou inconscientemente, todos o procuramos, ansiando pela harmonia interior, a paz, o *estar de bem com a Vida*, que só ele pode nos oferecer em plenitude.

Como, segundo a expressão evangélica, quem procura sempre encontra, todos acabaremos por realizá-lo nos refolhos da consciência, ainda que isso exija o concurso de séculos.

***

Jesus situava o Reino como o Pão da Vida, capaz de saciar nossa fome de harmonia, paz, alegria, saúde, felicidade...

O problema é que as pessoas usam ingredientes errados para prepará-lo, envolvendo o sexo, a paixão, o poder, a riqueza, a ambição, o conforto, o prazer...

Tudo isso, em princípio pode trazer-nos euforia, prazer, bem-estar, mas sempre acabamos mal, pelos comprometimentos morais e espirituais a que nos sujeitamos.

É o céu efêmero, sucedido pelas agruras do inferno.

***

Às vezes, as pessoas usam ingredientes adequados:
O esforço da honestidade...
O cuidado da família...
A correção profissional...
A participação religiosa....
Fazem uma massa promissora, mas não conseguem preparar o Pão da Vida e transitam pelo Mundo famintos de paz.
É que faltou um ingrediente básico.
Jesus nos fala a respeito, numa parábola tão pequena quanto grandiosa em seu significado:

O Reino dos Céus é semelhante ao fermento que uma mulher tomou e meteu em três medidas de farinha, até ficar tudo levedado.

É isso!
É preciso usar um fermento especial – o Amor.
Poderíamos defini-lo como aquela capacidade de nos envolvermos em profundidade com a profissão, com a família, com a sociedade, com o próximo, com a Vida, dando o melhor de nós mesmos.

- O funcionário pode apreciar o emprego, seu sustento; mas, sem amor aos encargos, a atividade profissional será um peso intolerável.

- O cristão pode participar dos ofícios com assiduidade; mas, sem amor ao próximo, essência do Evangelho, a manifestar-se na disposição de fazer algo em favor dos carentes de todos os matizes, vã será a sua crença.

- O chefe de família pode cuidar dos seus, no aspecto material, não deixando lhes faltar nada; mas, sem atenção e carinho à esposa e aos filhos, exercitando amor no relacionamento familiar, correrá o risco de transformar-se num estranho em sua própria casa.

***

Mesmo o Espiritismo, que ilumina o entendimento do Evangelho, pouco poderá fazer por nós, no preparo do Pão da Vida, se não usarmos o fermento divino na vivência de seus princípios.

Importante estudar os postulados espíritas e participar do trabalho social espírita, cultivando seus ideais.

Fundamental exercitar sempre um tanto mais de amor, se desejamos o atendimento de nossas preces, em favor de uma existência mais tranqüila e feliz, como sugere Casimiro Cunha, em psicografia de Chico Xavier:

*Rogas à vida o roteiro
Da Esfera Superior,
E a vida responde sempre:
Ajuda com mais amor.
Procurando, desse modo,
Caminho renovador,
Em toda dificuldade,
Ajuda com mais amor.

Se esperas pelo futuro
Como ninho aberto em flor,
Arando a terra do sonho,
Ajuda com mais amor.
Recebe, pois, o infortúnio
Com desassombro e valor,
Se a provação recrudesce,
Ajuda com mais amor.
Suporta com paciência
A nuvem do dissabor;
Buscando nova alegria,
Ajuda com mais amor.
Caluniaram-te a vida?
Perdoa seja a quem for.
Quem vive para a verdade
Ajuda com mais amor.*

Amigos desavisados
Trouxeram-te sombra e dor?
Diante de todos eles,
Ajuda com mais amor.
Feriram-te as esperanças
Brandindo verbo agressor?
Não critiques, nem te queixes...
Ajuda com mais amor.

Ante o jogo das ilusões
Que o mal te venha propor,
No cultivo da humildade,
Ajuda com mais amor.
Se desejas alcançar
A comunhão do Senhor,
Arrima-te à caridade
E ajuda com mais amor.

Morrer para Produzir

João, 12:24

Em verdade, em verdade vos digo: se o grão de trigo, caindo na Terra, não morrer, fica só; mas, se morrer, produz muitos frutos.

Temos, nesta singela parábola, um dos mais belos ensinamentos de Jesus.

Aparentemente insignificante, a semente é uma das maravilhas da criação, incrível laboratório. Tão prodigiosos são seus recursos, que opera aquele que tem sido o grande sonho da alquimia – a mutação dos elementos químicos.

Os alquimistas foram os precursores dos químicos.

Manipulavam substâncias minerais, vegetais e

animais. Faziam as mais variadas misturas, procurando, em exaustivas e infrutíferas pesquisas, encontrar a Pedra Filosofal.

Não era nenhuma gema preciosa. Tratava-se da sonhada fórmula que lhes permitiria dar à matéria as propriedades que desejassem, e até operar transmutações. A grande meta era produzir ouro, a partir de metais vulgares como o ferro.

Jamais o conseguiram, em face da precariedade de seus conhecimentos, misturados com fantasias mirabolantes

Hoje, por meio de sofisticados instrumentos, é possível alterar o peso atômico dos minerais e, literalmente, transformar o ferro em ouro.

Ocorre que esse processo é complexo e caro. Para fazer um grama de ouro seria despendido o equivalente a muitos quilos do precioso metal.

No entanto, os botânicos constatam que as plantas detêm a Pedra Filosofal.

São capazes de transmutar os elementos, sem nenhum investimento. Transformam o fósforo em enxofre, o cálcio em fósforo, o ácido carbônico em magnésio...

Plantas alimentadas com apenas água destilada produzem frutos onde estão presentes elementos químicos em quantidade muito além do que continha a semente.

Mas, para que se produzam essas maravilhas, conforme o próprio ensinamento evangélico, uma coisa é indispensável – que a semente *morra*!

Se, por um problema de estrutura ou de solo, mantiver-se íntegra, suas potencialidades permanecerão dormitando, encerradas dentro dela.

***

Jesus, que sabia das coisas, usa a imagem da semente, simbolizando o Homem.

Todos possuímos, em potencial, possibilidades inesgotáveis de trabalho e realização.

Diz Jeová, na simbologia bíblica *(Gênesis, 1:26)*:

Façamos o Homem a nossa imagem e semelhança.

Jesus confirma, evocando as escrituras *(João, 10:34)*:

Vós sois deuses!

O que exprime nossa filiação divina é o poder criador, de amplitude bem maior.

A semente pode transmutar a matéria.

Nós podemos transformar a Vida!

***

Em todas as épocas encontramos indivíduos que, liberando seu potencial criador, realizaram prodígios em todos os setores da atividade humana, impulsionando o progresso e promovendo bem-estar e esclarecimento para a Humanidade.

- Thomaz Edison patenteou mais de mil invenções, dentre elas o fonógrafo e a lâmpada elétrica, favorecendo nosso conforto e bem-estar.

- Santos Dumont inventou o avião, que encurta distâncias e aproxima os povos.

- Louis Pasteur penetrou a intimidade dos microorganismos, descortinando novos horizontes em favor da saúde humana.

- Castro Alves produziu poesias maravilhosas, como *Navio Negreiro* e *Vozes d'África*, marcantes contribuições em favor da libertação dos escravos.

- Beethoven captou a musicalidade das esferas, compondo sinfonias inesquecíveis, que elevam a alma às culminâncias da espiritualidade.

No dia-a-dia sempre esbarramos com algo que facilita e enriquece a existência, fruto do empenho de alguém que liberou suas energias criadoras.

Esse mesmo poder caracteriza Espíritos de escol, capazes de transformar a própria Humanidade, nos caminhos da evolução.

- Moisés conduziu o povo judeu pelos caminhos do monoteísmo, criando condições para a primeira revelação divina – a Justiça, consubstanciada na Tábua da Lei.

- Allan Kardec estabeleceu os princípios básicos para o intercâmbio com o Além, codificando a Doutrina Espírita.

- Chico Xavier fez-se maravilhoso instrumento dos Espíritos para produzir uma literatura do sublime, que divide o movimento espírita em *antes* e *depois* dele.

O exemplo máximo desse poder de transformação está no próprio Cristo, que influenciou decisivamente aqueles que o rodeavam.

Transmutou:

- Pecadores em santos.

- Vício em virtude.

- Malfeitores em benfeitores.

- Intolerância em transigência.

- Vingança em perdão.

- Agressividade em mansuetude.

- Egoísmo em altruísmo.

- Orgulho em humildade.

***

Como liberar esse poder criador?
Como edificar aqueles que nos rodeiam?
Como dar um sentido à existência, deixando o Mundo melhor?

Alguém diria:
– Há condições básicas: saúde, ausência de problemas, cérebro privilegiado, estabilidade financeira, família ajustada...
Nada disso é necessário.
Pode até atrapalhar.
Quando tudo corre bem, tendemos à estagnação, que desestimula a criatividade.
Lutas, dificuldades, dissabores, funcionam como combustíveis para o fogo sagrado que alimenta o poder criador.

- Abraham Lincoln foi humilde lenhador. Lutou muito para formar-se advogado e desenvolver o potencial que fez dele o maior presidente americano.

- Antonio Francisco Lisboa, o Aleijadinho, era tão doente que precisava ser carregado; o cinzel era amarrado em suas mãos para que pudesse trabalhar. Nem por isso desanimou, exercitando a maravilhosa habilidade que fez dele o maior escultor brasileiro.

- Léon Denis, o grande filósofo espírita, estava cego quando escreveu suas últimas obras.

- Van Gogh, embora dominado por intensas e tormentosas perturbações, pontificou como um dos maiores pintores de todos os tempos.

***

A liberação de nossas potencialidades criadoras não depende de condições favoráveis. Simplesmente é preciso que estejamos dispostos a *morrer*.

Jesus refere-se não ao nosso aniquilamento, mas à superação das tendências egocêntricas que caracterizam o comportamento humano.

Vivemos num círculo fechado. Nossas potencialidades, como filhos de Deus, permanecem aprisionadas em nós mesmos.

Os grandes benfeitores da Humanidade empolgavam-se não pelo atendimento de suas necessidades ou pela busca do sucesso, mas pelas realizações do Belo e do Bem.

Condição básica: o ideal de deixar o Mundo um pouco melhor quando partirmos.

***

Um dos pilares da sabedoria grega está no dístico famoso, inscrito no oráculo de Delfos:

Homem, conhece-te a ti mesmo!

Somos um grande enigma que deve ser resolvido, superando mazelas e imperfeições. Em *O Livro dos Espíritos,* Santo Agostinho diz que conseguiu operar fundamentais transformações em si mesmo, a partir do empenho por cumprir essa recomendação, analisando o próprio comportamento.

Nesse empenho, poderíamos formular algumas perguntas, diariamente:

- O Mundo algo está ganhando com minha presença?

- Minha vida tem sentido e objetivo?

- Estou sendo útil à minha família, à minha cidade, ao meu país, à Humanidade?

Diz Jesus que se a semente não morrer, ficará só. Morrendo, produzirá muitos frutos.

A solidão é a marca de quem se fecha em si mesmo, ainda que rodeado pela multidão.

Orientando nossas ações no esforço do Bem, alargaremos o círculo de nossas relações, a envolver beneficiários e companheiros de ideal, que se multiplicarão à medida que estivermos dispostos a *matar* o homem egoísta, cedendo lugar ao cristão altruísta.

Casa Desprotegida

Mateus, 12:43-45
Lucas, 11:24-26

Desde os tempos mais remotos, encontramos referências à influência exercida pelos Espíritos sobre os homens.

Na antiga Grécia, situavam-se como deuses que interferiam no destino humano, de conformidade com seus humores.

Na Idade Média, consagrou-se a idéia do demônio, filho rebelde de Deus, especializado em induzir suas vítimas à perdição.

A Doutrina Espírita, descerrando a cortina que separa a Terra do Além, demonstra que são simplesmente as almas dos mortos, ou homens desencarnados, agindo de conformidade com suas tendências e desejos.

Como o Plano Espiritual é apenas uma projeção do plano físico, muitos deles permanecem junto a nós, envolvendo-nos com seus pensamentos, idéias e sensações.

Na questão 459, de *O Livro dos Espíritos*, o mentor espiritual informa que essa influência é tão acentuada que, não raro, eles nos dirigem.

***

Muitos procuram os Centros Espíritas, informados de que seus males físicos ou psíquicos, que resistem a tratamento médico, podem guardar relação com esse assédio.

Está certo, mas há um detalhe:

Os casos mais graves, em que temos a presença de Espíritos rebeldes e agressivos que intentam vingar-se de passadas ofensas, desta ou de outras vidas, não são os mais freqüentes.

Em sua maioria, sofrem a pressão de Espíritos presos ao imediatismo terrestre. Experimentam o que chamaríamos *adensamento do corpo espiritual*, o perispírito, que os leva a viver como se fossem seres humanos, experimentando as mesmas necessidades, relacionadas com alimentação, abrigo, sexo, vícios...

Seu contato conosco lembra a simbiose que se

estabelece quando determinada planta entranha-se numa árvore, valendo-se de seus elementos nutritivos.

Raras pessoas escapam a essa ligação, que obedece às tendências de cada um, estabelecendo sintonia.

Geralmente, não querem nos prejudicar.

A expressão mais correta seria *explorar*.

Exploram nosso psiquismo, servem-se dos fluidos densos que lhes possamos oferecer.

Essa pressão nos perturba, porquanto colhemos seus pensamentos desajustados, suas ansiedades e inquietações.

E nos exaure psiquicamente, já que agem como autênticas sanguessugas espirituais.

A partir daí, sentimo-nos enfraquecidos, com males renitentes que resistem a todos os tratamentos.

Há, ainda, o grave problema dos viciados do Além. Estes nos induzem ao fumo, ao álcool, às drogas, a fim de que, em associação psíquica, experimentem a satisfação desejada.

É como um transe mediúnico às avessas. Ao invés do médium captar suas impressões, eles captam as sensações do "médium".

***

Jesus teve freqüentes contatos com esses Espíritos, chamados, por seus contemporâneos, imundos, impuros, maus, demoníacos...

Sempre os afastava. E antecipava o conhecimento espírita a respeito do assunto, dizendo, textualmente:

Quando o Espírito impuro tem saído dum homem, anda por lugares áridos, procurando repouso; não o encontrando, diz: "Voltarei para minha casa, donde saí."

E, ao chegar, acha-a desocupada, varrida e adornada.

Então, ele vai e leva consigo mais sete Espíritos piores do que ele, e ali entram e habitam.

O último estado daquele homem fica sendo pior que o primeiro.

Jesus situa a mente humana como uma residência, habitada pelos pensamentos.

Sua organização e disposição interna dependem do proprietário – a vontade.

• Casa escura.

Idéias negativas:

– Ninguém me ama!

– Nada dá certo em minha vida!

– Quero morrer!

- Casa mal-arrumada.

Indisposição para concentrar-se:

– Não estou entendendo nada...

– Odeio ler!

– A palestra dá-me sono.

- Casa vazia.

Ausência de ideais:

– Tenho alergia pela palavra *ajudar!*

– Cada um por si e Deus por todos!

– Quero mais é gozar a vida!

- Casa arejada.

Exercício de compreensão:

– Não há o que perdoar.

– Conte comigo!

– Tudo bem! Conversando a gente se entende.

- Casa arrumada.

Pensamentos positivos:

– Tristeza não paga dívida!

– No fim sempre dá certo!

– Estou feliz com seu sucesso!

• Casa iluminada.
Presença da oração:
– Senhor, seja feita a Tua vontade...
– Não me deixes cair em tentação...
– Livra-me do mal...

Poderíamos efetuar várias outras comparações, situando uma casa mental bonita ou feia, grande ou pequena, luminosa ou trevosa, fechada ou aberta, de conformidade com nossos pensamentos e as tendências que cultivamos.

***

Por que os Espíritos entram em nossa casa mental e ali se aboletam, a nos explorar e influenciar?
Podemos responder com aquela velha brincadeira:
– Por que o cachorro entra na igreja?
– Porque a porta está aberta.
Assim acontece em relação aos Espíritos que nos influenciam.
Aproximam-se, envolvem-nos, entram em nossa casa mental, porque está aberta, porque não temos defesas espirituais.
Falta-nos a disciplina mental, fruto da reflexão, do

estudo, da meditação e, sobretudo, um roteiro de vida voltado para a vivência dos princípios religiosos.

No Centro Espírita, o obsidiado submete-se ao tratamento espiritual e recebe ajuda dos benfeitores, o que favorece o afastamento das entidades perturbadoras.

Todavia, não basta afastar o malfeitor. É preciso que aprendamos a nos defender, porquanto pode ser que ele resolva voltar e venha acompanhado de outros iguais a ele ou piores, produzindo um estrago maior.

É a esse tipo de problema que Jesus se refere ao advertir quanto à recaída, nos processos obsessivos.

***

A solução é tão óbvia quando a questão do cachorro que entra na igreja.

Para que o Espírito não torne a invadir nossa casa mental é preciso *fechar a porta*, mudando a postura diante da Vida.

Sempre oportuno reiterar que Espíritos perturbadores só conseguem nos envolver a partir de nossas cogitações íntimas.

Na questão 469, de *O Livro dos Espíritos*, Kardec pergunta aos mentores espirituais como podemos neutralizar essa influência.

A resposta é bastante elucidativa:

Praticando o Bem e pondo em Deus a nossa confiança...

Quem cumpre essa orientação jamais resvala para o desânimo, a tristeza, a angústia, o medo, portas que se abrem à ação das sombras.

Consideremos, entretanto, que não se trata de um comportamento para determinadas situações, mas de uma atitude perante a Vida.

É preciso um empenho permanente, no sentido de instalarmos, em definitivo, em nossa casa mental, as defesas evangélicas, a fim de que jamais seja invadida por desocupados, viciados ou malfeitores do Além.

Amarrar o Valente

Mateus, 12:22-32

Num dos contatos de Jesus com a multidão, trouxeram-lhe um homem que, segundo a expressão evangélica, era um *endemoniado cego e mudo*.

Há pessoas com problemas de saúde sem causa física.

Os médicos falam em *somatização*, problema físico provocado por distúrbios emocionais, em relação de causa e efeito:

• Úlcera gástrica – ressentimento.

• Enxaqueca – preocupação.

• Desarranjo intestinal – tensão.

- Câncer – mágoa.
- Distúrbios circulatórios – irritação.
- Males difusos – hipocondria.
- Fraqueza – desânimo.

Nesta passagem evangélica não estamos diante de simples somatização.

Ocorre uma influência espiritual, comprometendo dois importantes recursos de comunicação – a visão e a fala.

A cura, portanto, não dependeria de tratamento médico ou psicológico, aqui meros paliativos.

Seria preciso afastar o Espírito perturbador.

Foi o que fez Jesus.

Imediatamente a vítima voltou a falar e a enxergar.

Tenho presenciado vários fenômenos dessa natureza.

Uma senhora vinha sofrendo persistente febre, sem causa definida. Exames de sangue e radiografias do pulmão nada acusavam.

Seu nome foi levado a uma reunião mediúnica. Feitas as vibrações em seu benefício, manifestou-se uma entidade malfazeja, a rir, debochada:

– Ah! Ah! Ah! Até febre provocamos!

Após longo diálogo, o doutrinador conseguiu convencer o Espírito a afastar-se.

Então, o "milagre": a partir daquele momento normalizou-se a temperatura da paciente.

***

A multidão entusiasmava-se.

Jesus atraía as pessoas muito mais pelos prodígios que operava do que pela excelência de seus princípios, algo semelhante ao que ocorre com o Espiritismo.

Pouca gente comparece ao Centro Espírita atraída pela visão notável que a Doutrina nos oferece a respeito dos enigmas do destino humano.

A grande motivação está nos trabalhos de cura e de desobsessão.

***

Havia sempre uma pedra no sapato, mais apropriadamente, na sandália de Jesus – os fariseus.

Diante daquele maravilhoso prodígio, impertinentes e ardilosos, incitavam o povo:

– *Ele atua pelo poder de Belzebu, o príncipe dos demônios.*

Belzebu era um termo hebraico para Baal, o Deus dos cananeus e fenícios.

Como aqueles povos eram inimigos dos judeus, estes, maliciosamente, diziam que Belzebu ou Baal era o chefe dos demônios.

Pretendiam os fariseus situar Jesus como agente do demônio na Terra.

Sua resposta foi antológica:

– *Todo reino dividido contra si mesmo acabará em ruína, e toda cidade, ou casa, dividida contra si mesma, não subsistirá. E, se Satanás expulsa a Satanás, está dividido contra si mesmo. Como, pois, subsistirá o seu reino?*

Raciocínio perfeito!

A idéia de que Jesus pudesse beneficiar alguém por inspiração do príncipe dos demônios era totalmente ilógica.

Imaginemos o chefe de uma quadrilha de malfeitores orientando a polícia para neutralizar sua ação e a todos prender...

Algo semelhante ocorre com o Espiritismo.

Representantes religiosos, de variadas denominações, insistem em combatê-lo, como se cultuasse outro Deus que não o Pai de infinito amor e misericórdia revelado por Jesus, ou outro ideal que não o bem de todos os homens.

Afirmam, tão maliciosa e maldosamente quanto os fariseus, que os espíritas contam com a colaboração do demo.

Há um misto de ignorância e má-fé nessas afirmações.

Falam do que não sabem, criticam algo que não se dão ao trabalho de estudar, pretendendo reduzir as práticas espíritas a ritos satânicos.

A resposta do Espiritismo é a mesma de Jesus:

Doentes do corpo e da alma estão recebendo benefícios e encontrando respostas às suas dúvidas, ao mesmo tempo que são estimulados a buscar a alegria de servir, dispondo-se a contribuir em favor de uma sociedade solidária.

Se isso tudo é de inspiração do *pedro-botelho*, certamente o *tinhoso* sofreu uma pane mental, obrando contra si mesmo, convertendo-se ao Bem.

Indaga Jesus:

Se eu expulso os demônios pelo poder de Belzebu, por quem os expulsam, então, os vossos filhos? Portanto, eles mesmos serão os vossos juízes.

Os judeus praticavam o exorcismo, o afastamento de Espíritos impuros, apelando, inclusive, para rituais como a queima de peixes, cuja fumaça teria propriedades mágicas. Ainda hoje há quem faça isso no ritual de defumação, usando ervas aromáticas.

E nos perguntam:
– Tem algum resultado positivo?
– Sim, espantam pernilongos.

Para afastar Espíritos perturbadores, é preciso uma *defumação espiritual*, eliminando os pensamentos impuros.

Ora, se os judeus diziam-se guiados pelo Criador para operar o exorcismo, sem resultados dignos de destaque, como pretender que Jesus, que com muito mais eficiência afastava os Espíritos impuros, o fizesse em nome de Belzebu? Porventura seria este mais poderoso que Deus?

***

Continua o Mestre:

Se eu expulso os demônios pelo Espírito de Deus, certamente é chegado o reino de Deus.

Jesus não anunciava o Reino para futuro remoto.

O Reino chegou com ele, não como uma conquista material, envolvendo os poderes do Mundo, conforme o próprio Mestre enfatizava e temos comentado nestas páginas, mas como gloriosa realização individual, no território das almas.

Raros a concretizam, porquanto demanda empenho em internalizar o Evangelho.

Partir da teoria para a prática.

Do conhecimento para a vivência.

Do longo caminho que vai do cérebro ao coração.

***

Acentua Jesus:

Como pode alguém entrar na casa do valente e roubar os seus bens, se primeiro não amarrá-lo, saqueando então a sua casa?

Temos aqui uma miniparábola ilustrativa:

O valente simboliza o espírito mau, o perseguidor espiritual, o *demônio*.

É neutralizado por Jesus, que confisca seus bens, representados por aqueles a quem domina.

A teologia ortodoxa o situa como um *anjo caído*, rebelado desde o princípio dos tempos, com a postura de um usurpador a disputar as almas com Deus.

Para o Espiritismo nenhuma força se contrapõe ao poder divino. O demônio é apenas um filho transviado de Deus.

Nesse aspecto, todos seremos demoníacos, sempre que nos comprometermos com o erro, o vício, o crime, contrariando os valores do Bem.

Desvio transitório.

Os que se envolvem com o mal estão submetidos a leis inexoráveis de evolução, que mais cedo ou mais tarde a nós todos conduzirão à perfeição.

Seremos anjos um dia, porque essa é a vontade de Deus, e o Senhor jamais falha em seus objetivos.

O Espiritismo é o grande recurso para subtrairmos os *bens do valente* – suas vítimas, contribuindo para converter o próprio *valente*.

***

Quem não está comigo, está contra mim.
E quem comigo não ajunta, espalha.

Jesus deixa bem claro que não há meio-termo.

Ou estamos com ele ou a ele nos contrapomos.

Ou vivemos seus ensinamentos ou atrasamos sua implantação na Terra.

Cultivando suas lições, estaremos contribuindo para a edificação do Bem.

Sustentando um comportamento incompatível com a moral evangélica, estaremos atrapalhando, como o lavrador que, no meio da seara, se pusesse a devastar a plantação ao invés de cuidar dela.

É lógico que todos temos fraquezas.

Estamos longe da perfeição.

Jesus, melhor do que ninguém, sabe disso.

Não podemos esquecer, porém, que o Evangelho veio para nos renovar, ajustando-nos à vontade de Deus.

É a amorosa mensagem que Nosso Pai enviou, orientando-nos quanto ao que espera de nós.

Ora, se convidados a praticar o Bem, nos deixamos envolver pelo mal; a amar o semelhante, agimos com indiferença; a perdoar as fraquezas alheias, cultivamos ressentimentos; a combater viciações, convivemos pacificamente com elas, qual a conclusão?

O Evangelho está sendo letra morta em nossas vidas.

Pior! Será o libelo de acusação quando formos chamados a responder por nossos atos.

Por isso Jesus adverte:

Todo pecado e blasfêmia lhes serão perdoados aos homens, mas a blasfêmia contra o Espírito Santo não lhes será perdoada.

Ao que disser alguma palavra contra o Filho do Homem, isso lhe será perdoado.

Porém, ao que falar contra o Espírito Santo não lhe será perdoado, nem neste mundo, nem no vindouro.

Espírito Santo aqui simboliza o conhecimento.

Para aqueles que dormem na ignorância, que não receberam noções superiores sobre a Vida, o mal que venham a praticar será relevado.

Não tinham noção do certo e do errado.

O selvagem que elimina brutalmente o adversário não assume compromissos maiores, porquanto age nos limites de seu horizonte evolutivo, condiciona-se à sua ignorância, ao comportamento instintivo.

O mesmo não aconteceria com o homem civilizado, já consciente do significado de um gesto dessa natureza, que atenta contra a Vida, o mais elementar de todos os direitos humanos.

Da mesma forma, o ignorante da moral evangélica estará menos comprometido ao cultivar a licenciosidade, a agressividade, a violência, a aspereza, a mentira, a fofoca, a atitude egoística...

Não se admitirá, entretanto, tal comportamento naqueles que reconhecem no Evangelho a suprema orientação em favor de uma existência decente e digna, produtiva e coerente.

Estes responderão por seus atos, pela superficialidade de sua crença e, sobretudo, pela omissão em relação aos sofrimentos de seus irmãos.

O sacerdote francês Michel Quoist desenvolve idéias notáveis sobre o assunto, em seu admirável livro *Poemas para Rezar.*

Num deles diz:

Esta noite, Senhor, estou com medo.
Estou com medo, porque teu Evangelho é terrível.
Ouvir anunciá-lo é fácil,
É ainda relativamente fácil não se
escandalizar com ele,
Mas é bem difícil vivê-lo!

Tenho medo de iludir-me, Senhor.
Tenho medo de ficar satisfeito
com minha vidinha honesta.
Tenho medo de meus bons hábitos –
tomo-os por virtude.
Tenho medo de meus pequenos esforços –
dão-me a impressão de estar indo para a frente.

Tenho medo de minhas atividades –
fazem-me crer que estou fazendo dom de mim.
Tenho medo de minhas sábias organizações –
considero-as sucessos retumbantes.
Tenho medo de minha influência –
imagino que vai transformar as vidas.
Tenho medo de meus donativos,
que encobrem o que não dou.
Tenho medo, Senhor, pois há pessoas
que são mais pobres do que eu,
Há seres menos instruídos que eu,
Menos evoluídos,
Menos confortavelmente alojados,
Menos aquecidos,
Menos remunerados,
Menos alimentados,
Menos privilegiados,
Menos amados.

Tenho medo, Senhor, pois não faço
bastante por eles,
Não faço tudo por eles.
Seria preciso que eu desse tudo,
Seria preciso que eu desse tudo, até que não
houvesse mais um só sofrimento, uma só miséria,

*um só pecado no Mundo.
Então, Senhor, seria preciso que eu desse tudo,
O tempo todo,
Seria preciso que eu desse a minha vida!*

A Volta por Cima

Mateus, 12:33-37
Lucas, 6:43-45

No desdobramento das experiências humanas, se desejamos ser discípulos autênticos de Jesus, imperioso indagar, diariamente:

• Estou vivenciando o Evangelho?

• Estou exercitando o Bem?

Fácil responder, lembrando com Jesus:

Não há boa árvore que dê mau fruto, nem má árvore que dê fruto bom.
Cada árvore é conhecida pelo seu próprio fruto. Não se colhem figos dos espinheiros, nem se vindimam uvas

dos abrolhos.

O homem bom, do bom tesouro do seu coração tira o Bem, e o homem mau, do mau tesouro do seu coração, tira o mal.

Pois da abundância do coração fala a boca.

Raciocínio perfeito!
Como avaliar uma árvore?
Pelos frutos, definindo se produz alimento ou veneno.
O mesmo ocorre conosco.
Quais os frutos de nossa existência?
Temos contribuído para enriquecer a existência, por onde andamos?
Somos *geradores* ou *exterminadores* de vida?

***

Há pessoas dadivosas, como fértil pomar.
O Bem prospera em suas mãos.
Enfrentam os desafios fazendo o melhor.
São capazes de transformar a própria adversidade em ensejo de crescimento pessoal e edificante exemplificação.
O pregador foi convidado a falar numa penitenciária.
Dezenas de presos o observavam quando se levantou

e caminhou em direção à tribuna.
Então, aconteceu o desastre:
Tropeçou.
Sentindo que ia perder o equilíbrio, apoiou-se na tribuna. Como ela não estava presa ao chão, tombou. Caíram ambos, espetacularmente.
Situação cômica, que nos remete às comédias de pastelão, no cinema mudo.
Num primeiro momento, os presos observaram, espantados.
Depois começaram a rir. Riam às gargalhadas! Choravam de rir!
O ridículo costuma ser engraçado. Poucas situações são mais ridículas, portanto, mais hilárias do que alguém perdendo o equilíbrio e se esparramando no chão, abraçado a um móvel.
Começara mal o pregador.
Não faria carreira diante daquele público irreverente.
Mas ele se ergueu, lépido, e fez algo inusitado:
Pôs-se a rir também, riso gostoso, alto e bom som! Riu da própria desdita!
Admirável virtude!
Jamais alguém será infeliz ou perderá o controle, enquanto for capaz de rir de si mesmo, evitando solenizar as situações.

Depois que todos desopilaram o fígado, ambiente descontraído, ouvidos receptivos, o visitante acentuou:

— Minha distração foi fatal. Não prestei atenção e sofri um belo tombo. Mas, como viram, não fiquei no chão. Estou aqui para dizer que todos podemos cair, escorregando em deslizes. Mas, se confiarmos em Deus, se realmente estivermos dispostos, haveremos de nos reerguer.

Eis que o pregador, dotado de notável presença de espírito, converteu uma situação difícil em ensejo para notável lição.

Os presos jamais esqueceriam a imagem preciosa que ficou:

Ninguém está irremissivelmente condenado ao erro, ao crime, ao vício...

É possível redimir-se, confiando em si e em Deus.

Diz Confúcio:

A honra não consiste em não cair nunca, mas em levantar sempre.

Se você preferir, leitor amigo, há o refrão famoso, no samba de Paulo Vanzolini e Noite Ilustrada:

Levanta, sacode a poeira, dá volta por cima!

***

Há os que se detêm nos aspectos negativos.

Os que produzem frutos abomináveis de desalento e desânimo, que inibem as iniciativas, sempre dispostos a verberar e condenar.

Vêem o lado escuro.

Inspiram desalento e mal-estar.

São desertos que produzem cactos espinhentos.

Imaginemos um pregador desse tipo, naquela situação.

Sua primeira reação seria de profunda irritação, logo supondo que os presos tornaram o piso escorregadio para derrubá-lo e rirem dele.

Típico indivíduo disposto a *enxergar chifre em cabeça de cavalo,* sempre na defesa, a conceber que o Mundo conspira contra ele.

Irritado, verberaria a conduta dos presos:

— Não posso entender tamanha falta de consideração. Os senhores riram da desgraça alheia. Pior, riram de um ministro de Deus!

E a todos ameaçaria com sanções divinas e o fogo do inferno.

***

Essa questão dos frutos é interessante.

Poderíamos, simbolicamente, usar frutos para representar as pessoas, dizendo de sua índole, de suas tendências, da maneira como se relacionam com o semelhante.

Diz a mulher:
Meu marido é um banana!
Tradução: *bola-murcha*, não presta para nada.

Diz o marido:
Minha mulher é um limão!
Tradução: neurótica, capaz de azedar o ambiente da casa com seus destemperos.

Diz a funcionária:
– Meu chefe é um goiaba!
Tradução: maluco, que perturba a todos com suas manias.

Diz o chefe:
– Aquele funcionário é um abacaxi!
Tradução: incompetente, indisciplinado, de trato difícil, que gostaria de ver longe.

Diz a aluna:
– O professor é um maracujá!
Tradução: repetitivo, monótono, sem imaginação, bom para fazer dormir.

Diz o professor:
– Aquela aluna é uma abobrinha!
Tradução: fútil e inconseqüente; não presta atenção, nem gosta de estudar.

Consideremos, entretanto, a seqüência do pensamento de Jesus.

Raça de víboras, como podeis falar coisas boas sendo maus?
Porque a boca fala o de que está cheio o coração.
Um homem bom tira boas coisas do seu bom tesouro e o homem mau tira más coisas de seu mau tesouro.

Expressões notáveis!
Nossa maneira de falar, as idéias que temos a respeito do semelhante, exprimem o que vai em nosso coração.

Talvez apenas em nossa cabeça, o marido seja um banana; a esposa, um limão; o chefe, um goiaba; o subordinado, um abacaxi; o professor, um maracujá; a aluna, uma abobrinha.

O mal está mais em nossa ótica, menos nas pessoas.

Se o individuo é sensato, com uma visão cordial do mundo e dos semelhantes, influenciará de forma positiva os que com ele convivem.

A banana, o limão, a goiaba, o abacaxi, o maracujá, a abobrinha, se convenientemente aproveitados, são saborosos e nutritivos.

Da mesma forma, se exercitamos as virtudes evangélicas, como a paciência, a tolerância, a bondade, o respeito, podemos retirar coisas boas daqueles com quem convivemos e até favorecer a mudança de seu comportamento.

Nunca será demais lembrar que as pessoas tendem a se comportar da maneira como as vemos.

Regando espinhos, teremos um espinheiro.

Cuidando de flores, teremos um jardim.

***

Nesse aspecto, consideremos a palavra.

É o instrumento fundamental de nosso contato com o Mundo.

Com ela edificamos ou destruímos, acariciamos ou agredimos, consolamos ou afligimos, estimulamos ou arrefecemos...

Diz o *Talmude*:

A palavra é como a abelha: tem mel e tem ferrão.

Por isso, a adesão verdadeira ao Evangelho começa no empenho por conter a língua.

Trata-se de aprimorar o sentimento, considerando, com Jesus, que a palavra exprime nossas emoções.

***

Mas eu vos digo que de toda palavra frívola que os homens proferirem hão de dar conta no dia do juízo.

Pois pelas tuas palavras serás justificado e pelas tuas palavras serás condenado.

Palavra frívola é a palavra inconseqüente, fútil, impensada.

Comprometemo-nos com ela em múltiplas situações:

• Quando falamos impensadamente.

• Quando nos exaltamos.

• Quando gritamos.

- Quando praguejamos.

- Quando criticamos acremente.

- Quando desdenhamos alguém.

- Quando mentimos.

- Quando fofocamos.

- Quando xingamos.

- Quando amaldiçoamos.

- Quando pronunciamos palavrões.

Jesus afirma que tudo isso será cobrado.

As religiões apregoam que acontecerá em remoto futuro juízo final.

O Espiritismo revela que o juízo é instantâneo.

Somos julgados a cada dia, a cada minuto, a cada momento, a cada pensamento, a cada palavra, por um juiz severo e incorruptível: a própria consciência!

Nossos estados de ânimo exprimem suas sentenças, aprovando ou desaprovando o que fazemos.

A pessoa que cultiva boas palavras, exprimindo bons sentimentos; que se detém nos aspectos positivos da Vida e do semelhante; que produz frutos abençoados na lavoura do Bem e da Verdade, será sempre tranqüila, equilibrada e feliz, ainda que o destino lhe reserve testemunhos difíceis. Quem não o faz, habilita-se às sanções no tribunal da Alma, enfrentando instabilidade íntima e perturbação.
Semeia espinhos.
Vive ferindo-se neles.

Por isso, o apóstolo Paulo, sempre empenhado na elevação dos sentimentos, recomendava *(Filipenses, 4:8)* algo que podemos situar como posfácio destas páginas, sintetizando o seu conteúdo, em favor da edificação do Reino em nossos corações:

Quanto ao mais, irmãos,
Tudo o que é verdadeiro...
Tudo o que é honesto...
Tudo o que é justo...
Tudo o que é puro...
Tudo o que é amável...
Tudo o que granjeia bom nome...
Tudo o que é virtuoso... e
Tudo o que é digno de louvor,
Seja o objeto de vossas palavras.

Bibliografia do Autor

01 – PARA VIVER A GRANDE MENSAGEM   1969
Crônicas e histórias.
Ênfase para o tema Mediunidade.
Editora: FEB

02 – TEMAS DE HOJE, PROBLEMAS DE SEMPRE   1973
Assuntos de atualidade.
Editora: Correio Fraterno do ABC

03 – A VOZ DO MONTE   1980
Comentários sobre "O Sermão da Montanha".
Editora: FEB

04 – ATRAVESSANDO A RUA   1985
Histórias.
Editora: IDE

05 – EM BUSCA DO HOMEM NOVO   1986
Parceria com Sérgio Lourenço e Therezinha Oliveira.
Comentários evangélicos e temas de atualidade.
Editora: EME

06 – ENDEREÇO CERTO   1987
Histórias.
Editora: IDE

07 – QUEM TEM MEDO DA MORTE?   1987
Noções sobre a morte e a vida espiritual.
Editora: CEAC

08 – A CONSTITUIÇÃO DIVINA   1988
*Comentários em torno de "As Leis Morais",
3ª parte de* O Livro dos Espíritos.
Editora: CEAC

09 – UMA RAZÃO PARA VIVER   1989
Iniciação espírita.
Editora: CEAC

10 – UM JEITO DE SER FELIZ   1990
*Comentários em torno de
"Esperanças e Consolações",
4ª parte de* O Livro dos Espíritos.
Editora: CEAC

11 – ENCONTROS E DESENCONTROS   1991
Histórias.
Editora: CEAC

12 – QUEM TEM MEDO DOS ESPÍRITOS? 1992
Comentários em torno de "Do Mundo Espírita e dos Espíritos", 2ª parte de O Livro dos Espíritos.
Editora: CEAC

13 – A FORÇA DAS IDÉIAS 1993
Pinga-fogo literário sobre temas de atualidade.
Editora: O Clarim

14 – QUEM TEM MEDO DA OBSESSÃO? 1993
Estudo sobre influências espirituais.
Editora: CEAC

15 – VIVER EM PLENITUDE 1994
Comentários em torno de "Do Mundo Espírita e dos Espíritos", 2ª parte de O Livro dos Espíritos.
Seqüência de Quem Tem Medo dos Espíritos?
Editora: CEAC

16 – VENCENDO A MORTE E A OBSESSÃO 1994
Composto a partir dos textos de Quem Tem Medo da Morte? *e* Quem Tem Medo da Obsessão?
Editora: Pensamento

17 – TEMPO DE DESPERTAR 1995
Dissertações e histórias sobre temas de atualidade.
Editora: FEESP

18 – NÃO PISE NA BOLA 1995
Bate-papo com jovens.
Editora: O Clarim

19 – A PRESENÇA DE DEUS 1995
Comentários em torno de "Das Causas Primárias", 1ª parte de O Livro dos Espíritos.
Editora: CEAC

20 – FUGINDO DA PRISÃO 1996
Roteiro para a liberdade interior.
Editora: CEAC

21 – O VASO DE PORCELANA 1996
Romance sobre problemas existenciais, envolvendo família, namoro, casamento, obsessão, paixões...
Editora: CEAC

22 – O CÉU AO NOSSO ALCANCE 1997
Histórias sobre "O Sermão da Montanha".
Editora: CEAC

23 – PAZ NA TERRA 1997
A vida de Jesus, do nascimento ao início do apostolado.
Editora: CEAC

24 – ESPIRITISMO, UMA NOVA ERA 1998
Iniciação Espírita.
Editora: FEB

25 – O DESTINO EM SUAS MÃOS 1998
Histórias e dissertações sobre temas de atualidade.
Editora: CEAC

26 – LEVANTA-TE! 1999
A vida de Jesus, primeiro ano de apostolado.
Editora: CEAC

27 – LUZES NO CAMINHO 1999
Histórias da História, à luz do Espiritismo.
Editora: CEAC

28 – TUA FÉ TE SALVOU! 2000
A vida de Jesus, segundo ano de apostolado.
Editora: CEAC

29 – REENCARNAÇÃO – TUDO O QUE VOCÊ 2000
PRECISA SABER
Perguntas e respostas sobre a reencarnação.
Editora: CEAC

30 – NÃO PEQUES MAIS! 2001
A vida de Jesus, terceiro ano de apostolado.
Editora: CEAC

31 – PARA RIR E REFLETIR 2001
Histórias bem-humoradas, analisadas à luz da Doutrina Espírita.
Editora: CEAC

32 – SETENTA VEZES SETE 2002
A vida de Jesus, últimos tempos de apostolado.
Editora: CEAC

33 – MEDIUNIDADE, TUDO O
QUE VOCÊ PRECISA SABER 2002
Perguntas e respostas sobre Mediunidade.
Editora: CEAC

34 – ANTES QUE O GALO CANTE 2003
Vida de Jesus – o Drama do Calvário.
Editora: CEAC

35 – ABAIXO A DEPRESSÃO! 2003
Profilaxia dos estados depressivos.
Editora: CEAC

36 – HISTÓRIAS QUE TRAZEM FELICIDADE 2004
Parábolas evangélicas, à luz do Espiritismo.
Editora: CEAC

37 – ESPIRITISMO, TUDO O QUE VOCÊ 2004
PRECISA SABER
Perguntas e respostas sobre a Doutrina Espírita.
Editora: CEAC

38 – MAIS HISTÓRIAS QUE TRAZEM FELICIDADE 2005
Parábolas Evangélicas, à luz do Espiritismo.
Editora: CEAC

Uma Nova Chance para Amar

Autor: Adeilson S. Salles / Espírito Antônio Gonçalves

Costuma-se dizer que o homem é um ser adormecido. Despreocupado dos objetivos da jornada humana, transita pelo Mundo como sonâmbulo que fala e ouve, desligado da realidade.

A Dor é Sino de Deus, conclamando as almas para a experiência religiosa, que nos coloca em contato com o sagrado, induzindo-nos a repensar a Vida em favor de nosso despertamento.

Detalhar o que é a história que se desdobra nestas páginas seria subtrair ao leitor o prazer da descoberta, o suceder de experiências que envolvem as ambições, as fraquezas e os vícios, que caracterizam o comportamento humano, a infringir, sistematicamente, as Leis Divinas.

Histórias que Trazem Felicidade

Autor: Richard Simonetti

As histórias que trazem felicidade, contidas nesta obra, são milenares. Atravessaram os séculos, inspiraram centenas de gerações, sustentadas pela universalidade e atemporalidade de seus conceitos – virtudes inerentes à Verdade. Os títulos, como: "O Semeador", "O Filho Pródigo", "O Joio e o Trigo", "O Fariseu e o Publicano", "O Credor Incompassivo", identificam o autor e a natureza de suas narrações. São as famosas parábolas de Jesus.

Festejado também como contador de histórias, o autor debruça-se agora sobre este maravilhoso compêndio de sabedoria, procurando interpretá-lo à luz do Espiritismo.

Ao prazer da leitura, some o leitor esclarecimentos oportunos sobre a existência humana e um irresistível estímulo em favor de nossa adequação aos valores do Evangelho – inexaurível fonte de felicidade.

Coleção Indispensável para iniciantes e iniciados

Acompanhe Richard Simonetti numa apreciação moderna e atraente das mais importantes questões de "O LIVRO DOS ESPÍRITOS".

Espiritismo
Tudo o que você precisa saber

Autor: Richard Simonetti

É uma obra desenvolvida por meio de perguntas e respostas.

O autor selecionou, dentre milhares formuladas em Reuniões de Iniciação, as principais indagações sobre a Doutrina Espírita.

Em destaque, assuntos de atualidade, como: doação de órgãos, ecologia, eutanásia, vícios, aborto, suicídio, pena de morte, planejamento familiar...

Com a consagrada clareza e objetividade, que caracterizam uma produção literária, Richard Simonetti oferece ao leitor uma visão panorâmica dos princípios espíritas.

Valioso manual para iniciantes, é um convite à reflexão para os iniciados.

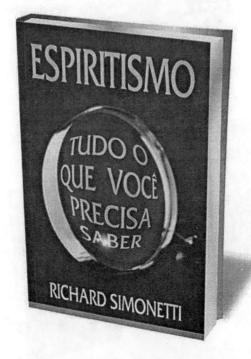